プレビュー

ここが面白い！

朝鮮王朝の歴史ドラマ

― 韓国時代劇の世界 ―

壮大なスケールの王朝絵巻！「不滅の恋人」

大君に扮した
ユン・シユン

主役のチン・セヨン（左）
とユン・シユン

「不滅の恋人」は対立する王子二人に翻弄されるヒロインの物語。人気時代劇に次々に主演するチン・セヨンが情熱的なヒロインを演じた。そして、王位をねらう兄の野望を阻止しようとして、ユン・シユンが演じる大君が獅子奮迅の活躍を見せていく。

韓国 SBS「ヘチ」の制作発表

若き英祖の人生を劇的に描く

「ヘチ　王座への道」

低い身分の血を受け継いだ「歓迎されない王子」が朝鮮王朝の政治を改革するまでを描いている。主役のチョン・イルが若き英祖《ヨンジョ》を演じている。

主役のチョン・イル（左）とコ・アラ

韓国 MBC「君主」の制作発表

仮面をかぶらざるを得ない世子の苦悩！

「仮面の王　イ・ソン」

朝鮮王朝時代に秘密結社によって仮面を強いられた世子が、仲間に助けられながら結社の壊滅をめざしていく。まさに波乱万丈の物語！

左からキム・ミョンス、キム・ソヒョン、ユ・スンホ

国王と道化師が巧みに入れ替わる!

「王になった男」

国王に瓜ふたつの道化師が国王に成り代わって民衆のための政治に取り組んでいく時代劇。国王は光《クァン》海《ヘ》君《グン》がモデルになっている。

韓国 tvN「王になった男」の制作発表

左からキム・サンギョン、チョン・ヘヨン、ヨ・ジング、イ・セヨン

これが韓国時代劇の傑作！

女性を勇気づける成功物語

「宮廷女官チャングムの誓い」

右はハン尚宮を演じたヤン・ミギョン

主役のイ・ヨンエ

朝鮮版ロミオとジュリエット

「王女の男」

左からパク・シフ、ムン・チェウォン

過酷な恋心が揺れる

「太陽を抱く月」

左からチョン・イル、右からキム・スヒョン、ハン・ガイン

左からイ・ソジン、ハン・ジミン

悲劇を乗り越えた名君「イ・サン」

史実のエピソードを感動のドラマ化

究極のシンデレラ・ストーリー「トンイ」

左からハン・ヒョジュ、イ・ソヨン、チ・ジニ

韓国時代劇を彩る王宮の華麗な建物！

王朝で最も有名な正門の光化門《クァンヘムン》

王朝最高の聖君である世宗《セジョン》の像

昌徳宮《チャンドックン》には美しい建物が多い

景福宮《キョンボックン》の正殿

歴代国王の位牌を安置する宗廟《チョンミョ》

よく臨時の王宮になった徳寿宮《トクスグン》

新版 知れば知るほど面白い 朝鮮王朝の歴史と人物

康《カン》 熙《ヒ》奉《ボン》
Kang Hibong

JIPPI Compact

実業之日本社

はじめに

韓国時代劇は本当に面白い。

その理由はよくわかっている。歴史好きな人が多い韓国では時代劇の人気が高いので、制作側にも有能な人たちが集まってくるのだ。

おかげで、ドラマ性に満ちた脚本、創造性が豊かな演出、演技力を備えたキャストが揃《そろ》い、次々に新しい時代劇がつくられていく。

そんな時代劇の多くは朝鮮王朝時代を舞台にしている。

朝鮮王朝は１３９２年から５１８年間も続いたが、習慣や生活の様々な面で現在の韓国社会と深くつながっている。

同時に、日本から見ても、食事、礼儀、儒教、身分制度などで共通点が多く、他の外国の歴史に比べたらかなり親しみやすい。それだけ、知れば知るほどさらに興味がわいてくると思われる。

また、この時代は記録が細かく残っているので、ドラマをつくるときに参考資料を集めやすくなっている。

そういう理由もあって、韓国で時代劇がつくられるときは、朝鮮王朝時代を舞台にした作品が多い。

実際、朝鮮王朝時代の歴史を彩ったのは、各代の王をはじめとして個性がキラリと光る人物たちだ。

本書では、心温まるエピソードを通して、歴史に残る多くの人物たちと関連する時代劇を取り上げている。

その本書の初版が最初に出たのは２０１１年だった。

それから長い時間が経過したので、新しい時代劇を加えて大幅に加筆して、ここに新版をまとめた。

この新版では、人気となったドラマがたくさん取り上げられており、従来からのファンに加えて、新しく韓国時代劇に興味をもった方にも、楽しく気軽に読んでいただける内容になっている。

今後も、韓国時代劇に大いに関心をもってくだされば幸いである。

康　熙奉

新版 知れば知るほど面白い 朝鮮王朝の歴史と人物 目次

第2章　王になるとこんな人間になってしまうのか…………75

第4章 凄い人物が壮大な歴史を動かしてきた！

装幀・ロゴ　杉本欣右
本文デザイン・図版　橋本仁、若松隆

第1章

傑作時代劇が謎めいた歴史を面白く見せてくれる

「ヘチ」は英祖の若き日の歴史騒動を描いた傑作！

チョン・イルが主演している「ヘチ　王座への道」は、物語が始まる時期が1719年である。

この年は、「トンイ」の主人公になっていた淑嬪《スクピン》・崔氏《チェシ》が世を去ってから1年後だった。

さらにいうと、19代王の粛宗《スクチョン》が亡くなる1年前である。

そういうことを考えると、「ヘチ　王座への道」はちょうど「トンイ」という傑作ドラマの後日譚という性格をもったドラマなのである。

たとえば、「トンイ」では、終盤になってハン・ヒョジュが演じた主人公のトンイが粛宗の次男に当たる延礽君《ヨニングン》を大切に育てていた。

立派な王子になるための教育を、トンイは本当に熱心に行なっていた。そのおかげで、延礽君は人間性に優れた王族として成長していった。

その延礽君を主人公にしているのが「ヘチ　王座への道」である。

ただし、このドラマでは延礽君が「身分が低い母親」から生まれたせいで、恵まれない境遇になっていた。いわば、トンイこと淑嬪・崔氏が息子のネックであるかのような描かれ方であった。

しかし、父親の粛宗は延礽君のことを心から頼もしく思っていた。そして、後継者になって欲しいとも願っていた。

そういう意味では、ドラマ「トンイ」で施した延礽君の教育が「ヘチ　王座への道」というドラマでも大いに活きていたともいえる。

さらに付け加えると、淑嬪・崔氏は「身分の低い母親」というより「息子を大成させた母親」といい切ることができる。

一方、粛宗の長男である景宗《キョンジョン》は、「トンイ」でも描かれたように張禧嬪《チャンヒビン》の息子なのだが、出来がよくない人物として「ヘチ　王座への道」でも描かれている。

いずれは粛宗の後を継いで20代王の国王になるのだが、統治者の能力が低く、結局は政治を混乱させてしまう。

つまり、淑嬪・崔氏の息子と張禧嬪の息子は能力的には対照的になっている。

そんな描き方を見ると、「トンイ」の後日譚として「ヘチ　王座への道」はとても面白い設定になっているといえる。

さらにいうと、「ヘチ　王座への道」では、粛宗が亡くなって景宗が即位していった。しかし、これは順当な結果ではない。様々な思惑が入り乱れていたのだ。それでは、実際の歴史では、粛宗の後継争いはどのように推移していったのだろうか。

粛宗の王子の中で、老論派は延礽君を支持していた。反対に、少論派は景宗を応援していた。結局、粛宗の後継争いで老論派と少論派は激しく対立していた。

ただし、粛宗は景宗では物足りないと思っていた。むしろ、彼は延齢君《ヨルリョングン》のことをとても気に入っていた。この延齢君は粛宗が寵愛《ちょうあい》する側室から生まれた王子で、景宗や延礽君の異母弟だった。

以上が粛宗の後継者候補の三人だ。生まれた年は、景宗が1688年、延礽君が1694年、延齢君が1699年だった。

「ヘチ　王座への道」の序盤で描かれていた1719年の段階では、景宗が31歳、延礽君が25歳、延齢君が20歳となっていた。

すでに世子《セジャ》は景宗に決まっていた。しかし、粛宗が景宗を高く評価していないことを知っていた老論派は延礽君を強く後押ししていた。

そして、一番の決定権をもっていた粛宗は、延齢君のほうに気持ちが傾いていた。なんといっても、延齢君は頭脳明晰《めいせき》で親孝行だった。粛宗はいずれ時期を見て世子を景宗から延齢君に変更しようと思っていた。

しかし、1719年に延齢君は急死してしまった。このことは粛宗を絶望させ、彼はすべての望みをあきらめなければならなくなった。こうして、それまでの予定どおり、景宗の跡継ぎが正式決定したのだ。

結局、景宗は粛宗が亡くなった1720年に20代王として即位した。しかし、彼はわずか4年のうちに世を去り、その次を延礽君が担うことになった。

こうした歴史的な事実が、「ヘチ　王座への道」のメインストーリーになっている。

なお、このドラマの前半で科挙の不正ということが大々的に扱われていた。

そもそも、科挙というのは、国家が行なう官僚登用試験のことであり、朝鮮王朝では特に重要視されてきた。

わかりやすくいえば、いくら家柄がよくても、科挙に合格しなければ高級官僚にはなれなかった。エリートをはずされてしまうわけで、良家の御曹司《おんぞうし》たちは必死に勉学に励んで科挙の合格をめざした。

その科挙は3年に1回実施された。最初に「初試」という1次試験が各地方で行なわれ、合格すると都で2次試験に当たる「覆試」を受け、さらに合格すると、王の御前で「殿試」を受ける。これが最終試験だ。これに受かると、晴れて高級官僚の卵になることができた。

しかし、朝鮮王朝の後期になると、科挙の不正が大問題になってきた。なにしろ、あまりに犯罪的な不祥事が頻発したという。

それでは、実際にどんな不正がはびこったのか。

代表的な不正を書き出してみよう。

「替え玉が受験する」

「勝手に参考書を試験会場に持ち込む」

「先に外で書いた答案用紙を提出してしまう」

「不正に関与するような怪しい人物が試験会場にもぐりこむ」

「隠れてカンニングをする」

「あらかじめ試験問題を手に入れておく」

こうした不正が蔓延《まんえん》したという。結局、不正が摘発されて、科挙は存続すら危うくなるほどであった。そういう混乱は、「ヘチ」が描いたとおりであった。

「カンテク」では王妃選びの過程が興味深くわかる

「カンテク〜運命の愛〜」は、王宮を舞台にした壮大な歴史絵巻なのだが、タイトルにあるように「カンテク（揀択）」という儀式が重要なキーワードになっている。

この「カンテク」はどんな儀式なのか。

そもそも「カンテク」というのは、王妃や世子嬪《セジャピン》（世子《セジャ》の妻）を選ぶときの公式的な行事のことだ。非常に重要な儀式なので、王朝が総力を挙げて実施していた。

最初に行なわれるのは、禁婚令を公布することだ。つまり「カンテク」が行なわれている間に適齢期の女性は絶対に結婚できないのだ。

この場合は両班《ヤンバン》の娘だけでなく、庶民も禁婚令が適用されていた。

ただし、実際に「カンテク」に選ばれるのは両班の娘だけだ。この場合は、家柄が特に重要になるわけで、庶民が王妃や世子嬪になることはあり得なかった。

それが、身分制度が厳格だった朝鮮王朝時代の限界であった。

そして、適齢期の女性をもった両班から詳しい身上書が出され、そうした書類を綿密に調べたうえで、20人から30人くらいの女性が「カンテク」の候補となる。

そうした候補は、容姿や性格などが詳しく調べ上げられて六人ほどが2次審査に進んだ。

この審査でもさらに、人物像や細かい行動などが調べられ、最終的に三人の候補に厳選される。

この三人は甲乙つけ難い女性たちであり、最終段階で国王や王妃をはじめとする王族の長老によって、誰が一番適任かが選ばれていく。そして残った一人が王妃や世子嬪になっていくのである。

辛《つら》いのは最終審査で外れた二人である。生涯にわたって結婚できないとされてしまった。

ただし、そうした女性の中から国王の側室になる人も多かった。

以上が「カンテク」という儀式の内容なのだが、今までの時代劇ではあまり取り上げられてこなかった。

それだけに、「カンテク～運命の愛～」を通して「カンテク」の実態が明らかになっていくのは、とても興味深いことだ。

なお、主役のチン・セヨンは、「オクニョ　運命の女（ひと）」や「不滅の恋人」といったドラマで堂々でヒロインを演じていて、時代劇でとても人気がある女優だ。それだけに、今度の「カンテク～運命の愛～」でもすばらしい存在感を見せている。

また、若き国王に扮《ふん》しているキム・ミンギュは、時代劇は初めてだが、演技力に定評があり、情熱的な姿を颯爽《さっそう》と見せている。なにしろ、主役カップルが魅力的なので、ドラマは回を追うごとに面白くなっていく。

こうした朝鮮王朝を舞台にしたドラマだと、「どんな史実を基にしているのか」と気になる人も多いはずだ。

実は「カンテク～運命の愛～」は架空の物語なので、該当する史実はない。しかし、想定している時代設定があって、それが19世紀の前半なのだ。ドラマは、この時期のエピソードを脚色しながらたくさん使っている。

たとえば、「カンテク〜運命の愛〜」で描かれる王宮は安東《アンドン》・金氏《キムシ》の一族が牛耳っている。これは史実どおりであり、安東・金氏が政治を独占していたのは1810年から1860年頃まででであった。

このときは、領議政《ヨンイジョン》が国王より権力をもっていた。領議政というのは、官僚の最高峰であって現在でいえば総理大臣に該当するのだが、この権力を把握しておかないと、朝鮮王朝の政治力学を知ることはできない。当時、朝鮮王朝は23代王・純祖《スンジョ》が統治していたが、彼は安東・金氏の影響力を抑えて国王が主導権を握れるように尽力していた。

「カンテク〜運命の愛〜」でも、キム・ミンギュが演じた国王のイ・ギョンは、領議政のキム・マンチャンに対抗して民衆のための政治を取り戻そうとしていた。

このように、国王のイ・ギョンが「いかに政治と権力を変えようとしていたのか」という点に注目して見ていくと、ドラマの歴史的な部分がとても興味深くなるはずだ。

立派な世子が哀れなダメ亭主になってしまう「100日の郎君様」

ＥＸＯのＤ.Ｏ.（ディオ）がドラマの分野ではド・ギョンスとして「100日の郎君様」に主演している。

このドラマは、絢爛《けんらん》たる王宮と貧しい農村の暮らしが対比できる展開になっていて、当時の生活を知るうえでも大変興味深い。

物語を見てみよう。

ド・ギョンスが演じているのは、朝鮮王朝の世子となっているイ・ユルだ。次代の国王だけに、絶大な権限をもっているのだが、彼は子供の頃に陰謀に巻き込まれて初恋の人を失うという悲劇に見舞われた。

それ以来、心を閉ざして、政略結婚で結ばれている世子嬪《セジャビン》も無視している。その世子嬪の父親が悪徳高官のキム・チャオンで、陰謀で王宮を悪に染める張本人だ。

結局、イ・ユルは暗殺者に命をねらわれる。なんとか九死に一生を得るが、記憶喪失《そうしつ》になって村の若者に変身せざるを得なかった。名前もウォンドゥクになった。

ウォンドゥクには婚約者がいた。それが、ナム・ジヒョンが演じるホンシムだ。

実は、子供の頃の初恋の人であった令嬢のイソが、キム・チャオンによって父親を殺されてしまい、彼女も身を隠すために村人のホンシムになっていたのだ。

しかし、ウォンドゥクはホンシムの素性を知らない。過去にはまったく気づいていないのだ。

こうして不思議な夫婦となったウォンドゥクとホンシム。この夫婦はいつも丁々発止のやりとりを繰り広げていて、毎回ドラマを大いに盛り上げていた。

たとえば、第4話ではウォンドゥクがろくに働きもしないのに、高利貸しの商人に騙されてしまい高価な寝具を買わされた。これには、ホンシムも怒り心頭だ。彼女は激しくウォンドゥクを責めて夫婦関係が危機に瀕した。

さらに、第5話でもウォンドゥクがホンシムをあきれさせる事態になった。

なにしろ、ホンシムは「夫に働いてもらおう」と思って薪《まき》割りなどの仕事をウォンドゥクにやらせたのだが、肝心な彼がまったく役に立たない。それなのに、プライドだけは高く、ホンシムにひどい言葉を投げつけてしまう。

そのときだった。ホンシムはウォンドゥクを激しく平手打ちした。ついに、彼女も我慢ならなかったのだ。こうなると、完全に夫婦の大ピンチだ。

とはいえ、考えてみれば、記憶喪失になる前のウォンドゥクはイ・ユルという世子だった。

　彼は悪徳高官に命をねらわれて記憶喪失になって村人に生まれ変わるのだが、身についた王宮の生活ぶりは絶対に変わらない。つまり、身分は村人だが、頭の中身は世子なのだ。これでは、庶民の生活というものがわからない。

　だからこそ、食堂でクッパを食べたのに代金を払わずにトラブルを起こしてしまうのだ。そんなウォンドゥクが問題を起こすたびに、ホンシムが尻《しり》ぬぐいをさせられた。彼女としても、たまったものではない。

　しかし、そんな二人も、子供の頃に結婚を約束しあったという過去があった。悪徳高官の陰謀によって二人の運命は変わったのだが、ドラマはそういう経緯を本当に巧みに描いていた。

　それにしても、ド・ギョンスの「ダメ亭主」が結構サマになっている。見ている側はハラハラさせられるのだが、それでも平然としているウォンドゥクが小気味いい。ド・ギョンスの演技もよく計算されていて、彼の個性が役柄を大いに引き立てている。まさに、ド・ギョンスの「ダメ亭主」ぶりはりっぱなハマリ役になっていた。

　一方、恐ろしい意味で際立っているのが悪役の存在感だ。

　その親玉が陰謀《いんぼう》により政権を支配している高官のキム・チャオンである。名優のチョ・

ソンハが演じている。

とにかくドラマを見ていて、キム・チャオンがあまりに憎たらしい。

悪のかぎりを尽くして善良の人たちを次々に奈落の底に突き落とすからだ。今までの数多い韓国時代劇の中でもキム・チャオンというキャラクターは、きわめつけの悪の権現だといえる。

まず、ド・ギョンスが扮するイ・ユルの父親を陰謀に加担させて、国王を殺して政権を乗っ取ってしまう。その結果、イ・ユルの父親は国王になる。

しかし、後ろで糸を引いていたのはキム・チャオン自身だった。

さらに、イ・ユルの初恋の人のイソの一家を襲い、父は殺され、イソも行方がわからなくなってしまった。イ・ユルの哀しみは絶望的だった。それもみんなキム・チャオンの差し金だった。

16年後、イ・ユルは世子となっていて、その妻はキム・チャオンの娘だった。

そんな娘をイ・ユルが愛せるはずがない。彼はキム・チャオンを憎悪していたのだが、ついには暗殺されそうになってしまう。そして、記憶喪失になるのだが、以後も、常にキム・チャオンの魔の手がのびていて、見ている人たちは常にハラハラさせられる。

そういう意味で、キム・チャオンはドラマを盛り上げる「必要悪」なのだ。それも、恐ろしいほどの嫌悪感をともなっている。

このように、ドラマの「暗部」を描き出す名優のチョ・ソンハの演技からも目が離せない。

国王と道化師が巧みに入れ替わる「王になった男」

ドラマ「王になった男」は、2013年に日本でも公開されたイ・ビョンホン主演の映画「王になった男」をドラマ化した作品だ。

ドラマでは、映画のストーリーを面白く生かしているが、映画版では描かれなかった王妃とのラブロマンスがたっぷりと加わっている。そのあたりに注目しながら、ドラマの序盤のストーリーを紹介しよう。

ヨ・ジングが演じる国王のイ・ホンは、王位を争うライバルでもあった弟を殺して自分の王位を安定させていた。

しかし、精神的に追い詰められている状況は変わりがなく、気持ちが乱れることが多かった。そのことを側近のイ・ギュ（キム・サンギョンが演じている）はとても心配していた。それなのに、イ・ホンの精神状態は悪くなるばかりだった。

そんなある日、イ・ギュは町でイ・ホンにそっくりな男を見かける。その相手は道化師のハソンだった。まさにハソンはイ・ホンと瓜ふたつだった。イ・ギュは、ハソンを王宮に連れてくる。万が一のために王の影武者をさせるためだった。

ハソンは逃げ出してしまうのだが、彼は庶民が苦しみにあえいでいる現実を直視し、政治を司る高官たちの横暴も目にして、世の中を変えたいと思って王の身代わりになることを決意する。

イ・ギュはかねてから考えていた計画を実行に移して、ハソンを本物の王位の座に就かせた。

ハソンが王の身代わりになってから大きく変わったことがふたつある。まずは、イ・セヨンが演じる王妃との関係だ。かつての王は冷酷だったので、王妃はずっと心を閉ざしていた。

しかし、ハソンは国王になって王妃に優しく接し、彼女の心を温かい気持ちで包んだ。さらに、陰謀に陥《おとしい》れられた王妃の父親の命を救ったのだ。こうして王妃は、王に対して心を徐々に開いていく。

もうひとつは高官との関係だ。賄賂《わいろ》にまみれた高官たちは庶民を苦しめるような政治を行なっていたのだが、ハソンが王座に就くようになってからは、イ・ギュの指示を仰ぎながら庶民のための政治を実行していった。

こうしてハソンは、朝鮮王朝の人々の幸せのために今までと違う政治を行なおうとしたのだが……。

以上が序盤のストーリーである。「王になった男」は、朝鮮王朝の史実をベースにしながら意表を突く要素も加わって、とても面白いストーリーに仕上がっている。

特に、このドラマの大きな見どころは、道化師が国王になってしまうという意外性だ。主役のヨ・ジングは、国王のイ・ホンと道化師のハソンの二役を演じることになった。先に制作された映画版ではイ・ビョンホンが一人二役を演じた。彼は、韓国の俳優の中ではトップクラスの実力をもっている。それだけに、国王と道化師の二役を本当に巧みに演じ分けていた。

この映画が、観客1000万人を突破するほどメガヒットを記録したのも、イ・ビョンホンの演技力があったからこそだった。

一方のヨ・ジングはどうだっただろうか。彼も若手とはいえ、子役時代から演技力に定評があった。特に「太陽を抱く月」で、主役のキム・スヒョンの少年時代を演じたときは天才子役と称賛された。

なにしろ、ヨ・ジングの評判があまりにもよすぎて、キム・スヒョンが大きなプレッシャーを感じるほどだったという。ヨ・ジングはそれほど子供の頃から演技力を磨いてきて、大人の俳優として成長してきたのだ。

結論からいえば、韓国でヨ・ジングの演技はとても評判がよかった。同じ顔をしているとはいえ、国王のイ・ホンと道化師のハソンでは性格がまったく違う。天と地ほど性格が異なっているのは、別人だから当然なのだが……。

ヨ・ジングも大いに悩みながら演じたはずだが、まるで一人の俳優が演じているとは思えないほど、国王と道化師の性格や表情の違いを的確に表現していた。

しかも、国王イ・ホンは精神を病んでいた部分も多く、ヨ・ジングは繊細かつ過敏な表情を求められたが、彼は天性の勘のよさを発揮してイ・ホンの心の変化を巧みに演じていた。

一方の道化師のハソンのときは、庶民的な屈託のなさや急に国王にされて戸惑う様子などを自然な演技で表していた。

一人二役というのは、その二役が違えば違うほど難しい演技になるが、ヨ・ジングは見事なくらいまるで違う二人を演じ分けていた。やはり、彼は天才子役からの経験を活かして大いに成長してきた俳優であった。

王子同士の葛藤《かっとう》を歴史絵巻として描いた「不滅の恋人」

韓国で「不滅の恋人」が初放送されたとき、スケールが大きいストーリー展開が話題になった。それもそのはずで、演出を担当しているのがキム・ジョンミン監督だった。

この監督の代表作といえば「王女の男」だ。パク・シフが主演して大評判になった時代劇だが、音楽がオペラ仕立てで盛り上げ方が見事だった。

キム・ジョンミン監督は「不滅の恋人」でも独特の演出スタイルを見せて、ドラマを壮大に仕上げている。それだけに、見ていても本当に楽しい。

キャスティングもとてもいい。「製パン王キム・タック」で驚異的な視聴率をあげたユン・シユンと、「オクニョ　運命の女（ひと）」で一躍〝時代劇のヒロイン〟になったチン・セヨンが主役カップルになっている。この二人に強烈な個性をもつチュ・サンウクが加わっている。すばらしい顔触れだ。

ドラマの設定はどうなっているのか。

メインのストーリーは、ライバル心をむきだしにする王子二人が、一人の女性をめぐって激しく対立するというものだ。二人の王子には歴史上のモデルがいて、4代王・世宗《セジョン》の次男・首陽大君《スヤンデグン》と三男・安平大君《アンピョンデグン》が該当する。

その中で次男はイ・ガンとなってチュ・サンウクが扮していて、三男がイ・フィとなってユン・シユンが演じている。

実際の歴史でも火花を散らした二人の王子が、「不滅の恋人」ではどのように描かれているのか。そして、チン・セヨンが演じるヒロインが、王子の愛をどう受け取めていくのか。そのあたりをキム・ジョンミン監督は巧みな演出でスリリングに描いている。さらに、序盤から興味深いエピソードが満載でグイグイ引き込まれる。

第1話は、大人になったイ・ガンとイ・フィという二人の王子が登場する。この兄弟たちが、激しく対立している様子が冒頭から描かれていた。

そして、子供時代のイ・ガンとイ・フィの場面に移り、昔からこの兄弟がどのように対立していったかが描かれていた。それが非常に深刻だったことがうかがえる。

基本的なことを述べておくと「不滅の恋人」のストーリーは架空である。しかし、モデルとなっている歴史的事実がある。

それが、首陽大君と安平大君の兄弟対立なのである。

二人は、4代王・世宗の次男と三男であり、小さいころからライバル心が強かった。

プロフィールとしては、首陽大君は気性が激しい武闘派で、安平大君は詩と書に優れた芸術派だった。性格がまるで違っていたのだ。

そのことは正真正銘の事実であったが、「不滅の恋人」はその話をうまく織り込んでストーリーをつくっている。

ところで、物語の後半になると、王位に野心を燃やすイ・ガンは、幼い王から王位を強奪して自分が即位する。それは史実とまったく同じだ。

「不滅の恋人」の幼い王は史実では６代王の端宗《タンジョン》である。そして、「不滅の恋人」のイ・ガンのモデルになっている首陽大君が王位を奪って世祖《セジョ》として即位した。それは１４５５年のことだ。

１４５６年には、端宗を復位させるために世祖の暗殺計画が起こったが、失敗に終わり、大逆罪を犯した者たちが処刑された。

事件は世祖に大きな衝撃を与えた。このままではいつまた復位を計画する者が出るかわからなかった。

そこで、世祖は端宗を配流し、ついには殺してしまった。

本当に残忍な国王であった。そうした歴史の背景を知ったうえで「不滅の恋人」を見れば、さらに興味深く物語の世界に入っていけるだろう。

「チャングム」は女性を勇気づける成功物語！

かつては、日本のテレビで韓国の時代劇がこれほど放送される日が来るとは想像もできなかった。

すべては韓流ブームのきっかけになったドラマ「冬のソナタ」からはじまった。

この作品は、NHK・BSで2003年4月から9月まで放送された。あまりの反響にNHKも驚き、翌年には総合テレビでも放送があり、主役のペ・ヨンジュンが2004年4月に初来日したときは羽田空港に5000人を超えるファンが集まった。その熱狂ぶりはテレビのニュースでも大々的に報道された。

以後、中高年女性を中心として韓国ドラマは日本で大人気となった。NHKも韓国ドラマの放送枠を定期的に設けるようになり、2004年にはBSで「宮廷女官　チャングムの誓い」が放送された。

当初、日本では馴染《なじ》みがない朝鮮王朝時代を舞台にした時代劇なので、どれだけ視聴者の関心を集められるかNHKも半信半疑だった。

しかし、ドラマの面白さに助けられ、韓流ブームを牽引していた女性層だけでなく男性の視聴者も獲得した。こうなると、勢いが止まらない。次々と韓国の時代劇が日本のテレビで放送されるようになり、朝鮮半島の歴史群像がテレビ画面を通して生き生きと日本のお茶の間で甦《よみがえ》った。

その先導役となった「宮廷女官　チャングムの誓い」は、どんなに韓国の時代劇が増えようとも、いまだにトップクラスの人気がある。

主人公のチャングムは、当初は宮廷料理人として腕をふるっていたが、陰謀に巻き込まれて済州島《チェジュド》に島流しにあい、不遇な日々を過ごす。しかし、済州島で医術を学んで新たに生きる勇気を取り戻し、再び宮廷に帰って王の主治医にまでのぼりつめた。

物語は全54話だが、前半と後半でチャングムの職種をガラリと変え、料理と医療という人間の生に最も関わる題材をふんだんに盛り込んだ構成は見事だった。どんな困難にも負けず必死に自分の道を切り開いていくチャングムの姿は、輝きに満ちていて魅力がある。

そんな彼女の前にいつも立ちはだかるのが、身分の違いだった。

なにしろ、朝鮮王朝時代の社会は、格式と序列を重んじる儒教的な身分制度によって成り立っていた。特に意外な印象を受けたのは、当時の医女（女医のこと）の身分が非常に低かったことで、庶民より下に位置づけられていた。

それは、たとえ王の主治医であっても変わらなかった。

なぜ朝鮮王朝では医女の身分が低かったのか。

朝鮮王朝の宮廷では数多くの女性が働いていたが、医女はその中の職種のひとつにすぎなかった。もともと、宮廷で医女の制度が始まったのは15世紀の初期。生活上で男女が交わることを戒める儒教の影響で、女性はたとえ病気になっても男性の医師から診察を受けるのは好ましくなかった。

そこで、医学的知識をもった医女が必要になった。

現代では医師は社会的なエリートだが、当時の朝鮮王朝では医女を志願する女性は皆無だった。

上流階級はもちろん、庶民の間でも医女になりたい人はいなかった。仕方がないので、奴婢《ぬひ》（最下層の身分）の中から頭のいい女性を選抜して漢方や鍼灸《しんきゅう》の知識を学ばせた。

それでも医女の地位は低く、人の命を助ける仕事に励む一方で、医女は宴会の酌婦《しゃくふ》としてもこき使われた。

この一事をもってしても、当時の医女の立場がわかる。患者の脈を取る一方で、宴席では酔客にからまれることにも耐えなければならなかった。

朝鮮王朝の身分制度

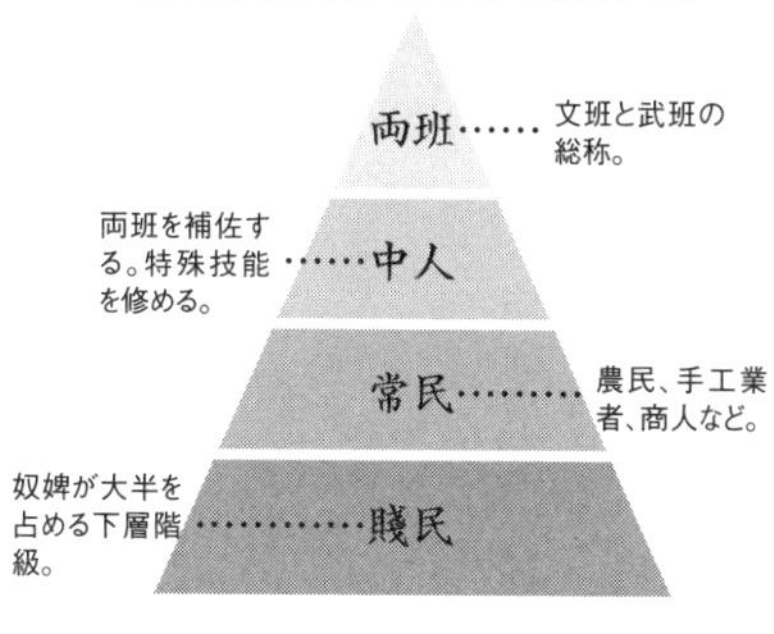
両班……文班と武班の総称。
両班を補佐する。特殊技能を修める。……中人
常民……農民、手工業者、商人など。
奴婢が大半を占める下層階級。……賤民

チャングム人気が絶頂時、撮影施設がテーマパークとして観光客を集めた

さすがにそれでは不憫《ふびん》だということになり、16世紀以降は医女を宴会に連れ出さない決まりとなり、医女は本来の役割に専念することができるようになった。「宮廷女官　チャングムの誓い」の時代背景は16世紀前半で、ようやく医女が宴会での酌婦役から解放された頃の話となっている。

ドラマの中でチャングムは、たとえ男尊女卑の社会にいても有能な女性はかならず頭角を現すということをよく表現していた。そういう〝がんばる女性〟のサクセスストーリーという点が現在でも普遍性をもち、朝鮮半島の歴史に詳しくない日本の視聴者にも大いに受けたのであろう。

果たしてチャングムは本当に実在したのか

朝鮮王朝時代の正史は「朝鮮王朝実録」である。

当時の出来事や政治の実態などを王の言動を中心に年代順に記録した壮大な書物で、初代王の太祖《テジョ》から第25代王の哲宗《チョルチョン》の治世まで網羅《もうら》されている。

どこの王朝であろうと、歴代の王の生活や言動をこれほど細かく記録した例は世界にあまりなく、「朝鮮王朝実録」は貴重な歴史的資料になっている。

内容も信憑性《しんぴょうせい》が高い。たとえ王であっても記述に介入できないといわれるほど厳格に作成されているからだ。

もっとも、あまりに細かい描写が多いので、量も全体で約1900巻にのぼる。原書はすべて漢文で書かれているが、これをハングルに翻訳したものを1日に100ページずつ読んでも、4年半かかってしまう。

量が膨大《ぼうだい》だけに、韓国でも「朝鮮王朝実録」を最初から最後まで読み通した人は歴史学者以外にほとんどいないといわれている。

これらの正確な資料をもとにして、韓国では朝鮮王朝時代を舞台にした時代劇が数多くつくられるのである。拾い読みする程度でも、朝鮮王朝の実態が見えてくる。時代劇の制作者がアテにするのも道理だ。

この「朝鮮王朝実録」で中宗《チュンジョン》（第11代王で在位は1506〜1544年）の時代に、〝チャングム〟という医女のことが10箇所ほど記述されている。それを見る限り、チャングムが実在の人物であったことは間違いない。

実際、彼女の医女としての才能をほめる記述も見受けられ、チャングムが腕のいい医者であったことがうかがえる。

また、中宗の病状が彼女のおかげで回復し、そのほうびとしてチャングムは他の医師よりも多くの報酬をもらっていたようだ。

このあたりはドラマともリンクする。「宮廷女官　チャングムの誓い」を見ると、チャングムが中宗にほめられる場面がしばしば出てくるが、そのことは記録のうえでもしっかり残っているのだ。

「朝鮮王朝実録」には、中宗の言葉として「余の病状は、医女（チャングム）が知っている」という記述も見られ、中宗がチャングムに深い信頼を寄せていることがわかる。

ただ、記述は数行にわたるだけで、チャングムが一体どんな人物でどんな人生を歩んだかについてはまったくわからない。いわば謎《なぞ》に包まれた存在だったのである。

それでも「朝鮮王朝実録」を注意深く読むと、チャングムの前に「大」という字をつけて「大長今《テジャングム》」という表記も見られる。

この「大」は王が力を認めた者に与えられる称号だ。それほどチャングムの存在が特別だったのだ。ちなみに、「大長今」というのが、このドラマの韓国での原題だ。

ほんのわずかな記述をもとに54話という長編ドラマを仕上げるのだから、やはり韓国時代劇は創作力に満ちている。

ただし、ドラマの前半でチャングムは宮廷料理人として活躍するが、これは完全なフィクションである。

つまり、実在のチャングムはあくまでも医女なのである。

苦労した名君をスーパースターに仕立てた「イ・サン」

時代劇「イ・サン」を見ていると、主人公である正祖《チョンジョ》（第22代王で在位は1776～1800年）が、香港のカンフー映画によく出てくるスーパースターのように描かれている。

なにしろ、刺客が襲ってきたら素手で対処し、その刺客を見事な立ち回りで返り討《う》ちにしてしまうのだ。国王をこれほど剣の達人に仕立てるのだから、韓国時代劇も娯楽性に徹している。

それはともかく、朝鮮王朝の歴史上で特にショッキングだったのは、国王が世継ぎだった実の息子を餓死《がし》させたことだ。

それは1762年の出来事であり、その史実を物語の冒頭に象徴的にもってきたのが「イ・サン」だった。その背景をここで見てみよう。

21代王の英祖《ヨンジョ》（在位は1724～1776年）は、以前の国王が側近たちによる派閥闘争でさんざん苦労させられてきたのをよく知っていたので、その弊害を取りのぞくために公平に人材を登用した。

その手法で派閥闘争を抑えながら王権を強化し、優秀な官僚組織を活用して政治的に成果を挙げていた。

しかし、英祖の在位が長くなると再び官僚同士の勢力争いが激しくなり、その渦中で標的にされたのが世継ぎの思悼世子《サドセジャ》だった。

もともと英祖の場合、正妃と継妃からは子供が生まれず、二人の側室から一人ずつ男子が生まれていた。その長男は夭逝《ようせい》し、次男の思悼世子が幼いときに世継ぎに選ばれた。

英祖は病気がちだったので、思悼世子が10代前半の頃から政策決定を代理させた。それを嫌ったのが継妃の貞純《チョンスン》王后・金《キム》氏で、派閥闘争を巧みに利用しながら、思悼世子の地位をおとしめるような動きを見せた。

世継ぎにしたい実子が彼女にいたわけではない。ただ、側室の子が王を継ぐということに強烈な嫉妬《しっと》を感じ、思悼世子の追い落としをはかったのである。

思悼世子自身も問題を抱えていたのは事実。世継ぎとしての精神的な重圧に耐えきれず、王宮を抜け出して乱行に及んだり、宮廷で働く女性を殺したりしてしまった。

当初は思悼世子を溺愛《できあい》していた英祖も、思悼世子を陥れようとする勢力によからぬ噂《うわさ》をしきりに聞かされて、徐々に息子を疎ましく思うようになった。彼はもともと、せっかちで猜疑心《さいぎしん》の強い人物だった。

やがて、信頼する側近が思悼世子の非行をしきりに訴えてくるに及び、ついに堪忍袋の緒《お》が切れた。英祖は思悼世子を呼びつけて自決を命じた。

しかし、思悼世子は父の命令に従わなかった。

英祖は逆上し、思悼世子の世継ぎの資格を取り消し、一般庶民と同じ身分に格下げした。

それでもまだ英祖の怒りは収まらず、思悼世子を米びつに閉じ込めてしまった。

米びつの中は狭く、人間が一人入れば身動きができない。その中に閉じ込められた思悼世子は、水も食べ物も与えられず、8日目に餓死してしまった。

果たして英祖は、どんな思いでこの8日間を過ごしたのだろうか。血も涙もない親といわれても仕方がない。

あとの祭りとはいえ、英祖は息子をむごい方法で死なせてしまったことをずっと悔やんだ。その英祖に後継ぎとして指名されたのが、思悼世子の息子の祘《サン》だった。後の正祖である。

内心はドロドロだろう。父を殺した祖父によって、次の王に推挙された自分。しかも、自分の即位を阻止しようとする勢力がウジャウジャいて、常に命の危険にさらされた。こ

れほどの困難の中で青春時代を過ごした王は他にいない。

それを乗り越えて名君になったのだから、時代劇「イ・サン」が正祖をスーパースターに描くのも大いに納得できる。

歴史に残る悪女「張禧嬪」は時代劇にひっぱりだこ

韓国で三大悪女といえば張緑水《チャンノクス》、鄭蘭貞《チョンナンジョン》、張禧嬪《チャンヒビン》。それぞれ、自分の私利私欲のために権力者を徹底的に利用した女性ばかりだ。

張緑水は、10代王の燕山君《ヨンサングン》（在位は１４９４〜１５０６年）の側室。史上最悪の暴君を陰で操った〝欲のかたまり〟として知られる。鄭蘭貞は11代王中宗《チュンジョン》の三番目の夫人に仕えていた。権力の亡者で、対抗する人間を蹴落《けお》としていくさまは、あまりにえげつなかった。

最後に控えた張禧嬪は伝説の悪女。いっかいの宮女（宮廷で働く女性）にすぎなかったが、おぞましい策を弄《ろう》して粛宗《スクチョン》（在位は１６７４〜１７２０年）の側室になり、ついには本来の正室を追い出して念願の王妃にまでのぼりつめた。

その個性がよほど制作者の気をそそるのか、彼女ほどあちこちの映画やドラマにひっぱりだこの人物も他にいない。一番有名なのは、２００２年から翌年に韓国で放送されたドラマ「張禧嬪」。人気女優のキム・ヘスが主人公を演じ、時代劇ブームの一翼を担った。

その後もドラマ「トンイ」でイ・ソヨンが張禧嬪を演じている。時代劇の制作者の間では「困ったら張禧嬪」という合言葉があるほど、ドラマの世界では文句なしの〝スーパーダーティヒロイン〟なのだ。

実際の張禧嬪は、どんな女性だったのだろうか。

貧しい幼女時代を送った張禧嬪は、幸運にも、知り合いの後押しで宮女となった。教養も品性もなかったが、美貌《びぼう》と虚栄心は人一倍だった。猫をかぶった妖女に粛宗もコロリとだまされて、張禧嬪は側室になった。しかも、粛宗との間に息子まで産んだのだから、信じられないような出世である。

30歳になろうとする粛宗にとって息子を得た喜びはひとしおだった。張禧嬪は世継ぎの母となり、権勢を欲しいままにした。

さらに、張禧嬪が欲しがったのは正室の座。邪魔なのは、子供を産めない正妃の仁顕《イニョン》王后・閔《ミン》氏。張禧嬪は粛宗をそそのかして正妃を追い落とし、念願の正室になった。

しかし、悪の栄華が長続きしないのは世の常。激しい派閥闘争の渦中で、張禧嬪は仁顕王后・閔氏の正室返り咲きを許す。

だが、ここからが張禧嬪の真骨頂。仁顕王后・閔氏の部屋に穴を開けて中の動向を探ったり、呼び捨てにしたり、「あの女は最悪」と罵倒《ばとう》したり……。

このあたりの嫌がらせはドラマの題材になりやすく、張禧嬪の出番が増える理由になっている。

さらに、彼女は神堂を建てて仁顕王后・閔氏を呪《のろ》い殺そうと躍起になった。それが効いたわけではないだろうが、仁顕王后・閔氏は病にかかって亡くなった。

宮廷内は大騒ぎになり、密告によって張禧嬪が正室を呪っていたことが発覚。重大な反逆罪に問われ、張禧嬪は粛宗によってあえなく服毒の刑を申し渡された。こうして、野望のために手段を選ばなかった張禧嬪は、42歳で息を引き取った。

残った長男は、1720年に粛宗の後を継いで20代王の景宗《キョンジョン》として即位した。

張禧嬪の執念が実ったかに見えたが、わずか4年の在位で景宗は急死。悪女だった母の因果応報と評される結果となった。

どん底から頂上へ！　究極のシンデレラを描いた「トンイ」

張禧嬪があまりに強烈な個性でありすぎたのか、彼女の次に粛宗の寵愛を受けた淑嬪《スクピン》・崔氏《チェシ》は、地味で歴史の中に埋もれていた。つい最近まで、韓国でもその存在を知っている人はほとんどいなかった。

しかし、ドラマの影響はすさまじい。淑嬪・崔氏を主人公にしたドラマ「トンイ」がつくられると、その知名度は一気に上がり、今では「あんな女性になりたい」とあこがれの対象になっている。

彼女のどこが現代女性にアピールしているのか。

それはまさに、底辺から最高位まで信じられないほどステップアップしたシンデレラだということだろう。長い朝鮮半島の歴史の中でも、淑嬪・崔氏ほど人生を一気に逆転させた女性は珍しい。

初めは、宮中で女官の雑用を請け負う下働きだった。この身分では、王の尊顔を拝する機会は永久に訪れない。

しかし、現実には、粛宗は淑嬪・崔氏を側室にして、男子までもうけている。この男子が後に英祖として即位し、淑嬪・崔氏は王の母になった。

さらに、英祖がすごいのは、朝鮮王朝27人の王の中で、51年7か月という最長在位期間を達成したこと。長寿の王を産んだのも淑嬪・崔氏が誇りとするところだろう。

にもかかわらず、彼女が最近まで〝無名〟のままでいたのは、その資料がほとんどなかったからだ。

「トンイ」で淑嬪・崔氏を演じた主演女優のハン・ヒョジュ自身がこう語っている。

「淑嬪・崔氏について詳しくなかったので、撮影前にぜひ調べなければいけないと思い、資料を集めようとしました。しかし、彼女について書かれた資料が本当になかったんです。インターネットを見ても出ていませんでした。彼女についての資料がなかったので、私も調べるのが大変でした。でも、このドラマの後には、彼女を題材にした漫画、小説、ドキュメンタリーがたくさんつくられました」

ハン・ヒョジュもドラマの反響の大きさに驚いていた。その彼女は、淑嬪・崔氏を演じて、何を感じ取ったのだろうか。

「淑嬪・崔氏は、強い心をもって運命を変えていった女性です。とても尊い心をもっていましたし、正しい道を歩いていきました。私は演技を通して彼女のことをすばらしい人だと思いました」

ドラマが描いている世界はほとんどがフィクションだが、その中でも過去の人たちの息吹を感じることはできる。現代社会で淑嬪・崔氏が大いに脚光を浴びたのは、ハン・ヒョジュが言うとおり、彼女が〝強い心をもって運命を変えていった女性〟だったからかもしれない。

実在のファン・ジニは若者が恋に殉じるほどの美女だった

朝鮮王朝時代に活躍した女流詩人として有名なファン・ジニ。韓国の国語の教科書にその詩が掲載されるほどの人物だが、彼女の妓生《キーセン》としての人生を厳しい身分制度の中で描いたのがドラマ「ファン・ジニ」だった。日本でもNHKで放送されて人気を博したが、この作品中で最高の名場面となったのが第9話の〝永遠の別れ〟の場面であった。

良家の子息ウノは心から妓生のファン・ジニを愛し、彼女もウノを愛していた。二人はともに人生を歩むことを誓いあったのだが、身分格差が露骨にある朝鮮王朝時代にその結婚がすんなりいくわけがなかった。

周囲の猛反対にあい、二人は引き離される。その苦悩の中で息絶えたウノ。親より先に死んだ親不孝者として、ウノは上流階級の弔いも受けられず、彼の棺を載せた荷車は屋敷から運び出される。

しかし、荷車がファン・ジニのいる宿舎の前を通ったとき、そこでピタリと動かなくなった。屈強な男がどんなに荷車を動かそうとしても車輪が前に進まない。まるで棺が想像を絶する重りになってしまったかのように……。

そのときファン・ジニが棺の前に進み出て、脱いだ上着を棺の上に掛けて永遠の別れを告げた。

すると、さきほどまでピクリとも動かなかった荷車が、再び前へ進みだした。雨に打たれながら、その荷車を見送るファン・ジニ。まさに、韓国時代劇を彩る珠玉の名場面だった。

このシーンはフィクションだが、似たような逸話は残っている。

実は、韓国では誰もが知る有名な女流詩人であるにもかかわらず、ファン・ジニの細かい経歴はよくわからない。

確かに、すごい美女で詩歌や舞踊に才能を発揮したことは伝わっているが、生年月日や没年も記録が残っていない。

しかし、彼女が16歳のとき、一目惚《ひとめぼ》れする男性が続出したという。ある日、家の前があまりに騒がしいのでファン・ジニが外に出てみると、彼女に恋いこがれた末に病気で死んでしまった若者の棺が運ばれていく途中だった。

しかし、その棺は彼女の家の前でテコでも動かなくなった。その事情を知ったファン・ジニは亡くなった若者を不憫《ふびん》に思い、自分の上着を棺の上に掛けてあげた。すると、棺が再び動き出したという。

このエピソードをドラマ「ファン・ジニ」は巧みに使ったのである。ドラマではすでに妓生だったという設定だが、伝えられている話ではまだ一般の女性だったようだ。

しかし、棺が動かなくなった出来事に強い衝撃を受けたファン・ジニは、こんな悲劇が二度と起こらないように、親が止めるのも聞かずに妓生になってしまったという。

当時の妓生は厳しい身分制度の中で、最下層の賤民《チョンミン》に位置づけられていた。ファン・ジニほどの美貌と能力をもった女性が自ら賤民になるとは考えにくいので、このエピソードはかなり装飾されていると思うが、傑出した女性の神秘性を表す、よくできた話だ。

ドラマ「ファン・ジニ」の脚本を書いたユン・ソンジュは、脚本家になる前は国語の教師をしていた。ファン・ジニの詩を授業で教えた経験もある。

「まさか、将来自分がファン・ジニを主人公にしたドラマを書くようになるなんて、教師をしているときは夢にも思いませんでした」

そう言って、ユン・ソンジュは不思議なめぐり合わせに驚いていた。

「成均館スキャンダル」が昔の受験地獄を愉快に再現！

東方神起の元メンバーだったユチョンが主演していることもあり、日本でも「トキメキ☆成均館スキャンダル」は人気を博した。このドラマは22代王の正祖《チョンジョ》の治世時代が舞台になっている。

高等官僚の登用試験である科挙に挑む若者たちの青春群像が描かれるが、彼らの学び舎になっているのが成均館《ソンギュングァン》。朝鮮王朝時代に儒教教育の最高峰と称された学校として、成均館は現在でも〝韓国最古の大学〟として名門校の地位を不動にしている。

また、「トキメキ☆成均館スキャンダル」を見ていて面白かったのは、良家の師弟たちが科挙に受かるために、あらゆる姑息《こそく》な手を使っていること。カンニングはもちろん、替え玉受験も常套《じょうとう》手段になっている。

しかも、本来は厳しく監視すべきはずの試験官も、見て見ぬふりをしていて、実力者の

今も名門として知られる成均館大学は韓国最古の大学だ

息子には卑屈な態度に終始する有様だった。

職務をまっとうすることより出世のためのゴマスリに徹するから、そういう情けないことになってしまう。

ドラマ自体はフィクションだが、「トキメキ☆成均館スキャンダル」は朝鮮王朝時代の堕落した官僚制度をありのままにイメージさせてくれる。腐敗を監視するマスメディアもない時代だから、官僚の一部は確かにやりたい放題だったのだろう。

こうした官僚を選抜する国家的な試験だった科挙。本家の中国にならって朝鮮半島でも高麗王朝時代から採用されていたが、朝鮮王朝になってからはさらにこの試験制度を強化し、科挙に通らないと栄達が望めないといわれるほどの学歴社会を築いた。実際、才能ある者はみんな科挙の合格をめざした。

そういう傾向は今の韓国にも残っていて、日本以上の学歴偏重社会になっている。大学進学率も80％を楽に超える。

厳しい受験競争がある日本でも50％を超えるくらいなので、韓国の大学進学率がいかに突出しているかがわかる。

試験の方法もかつての科挙を彷彿《ほうふつ》させる。大学受験者は毎年11月の特定の1日に行なわれる修能試験を全員受ける必要がある。

この修能試験が正真正銘の一発勝負であり、その持ち点によって進むべき大学の合否が決まる。

それだけに、この修能試験の日は韓国でも特別で、朝の渋滞が起きてはいけないという理由で公務員や会社員は始業時間を遅らせる。また、英語のヒアリングテストが行なわれる時間帯には、空港でも飛行機の離発着を控えている。

科　挙

科挙の文科合格者の数は、時代によって増減した。3年ごとの式年試には初試・覆試・殿試があり、殿試には成績上位33名が勝ち残り、上級官僚に採用された。

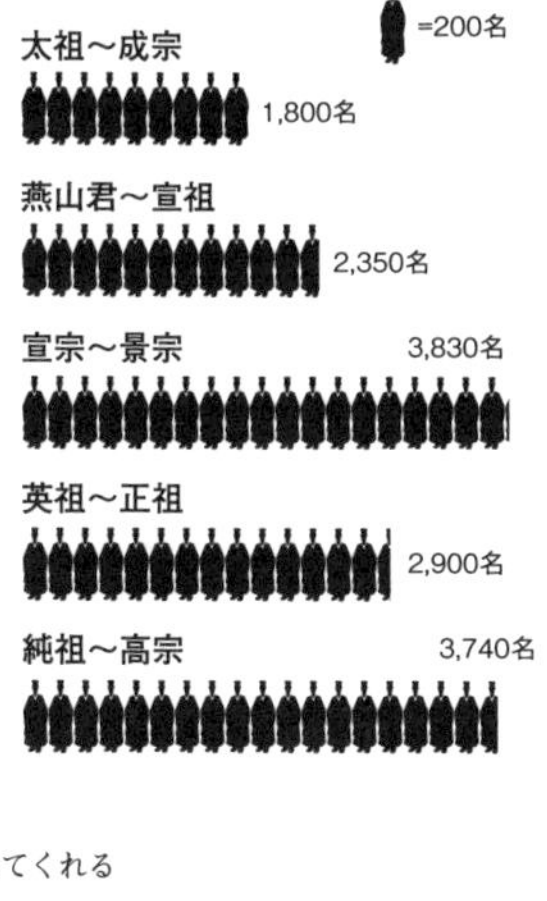

さらに、受験会場に遅れそうになった受験生はパトカーや白バイで連れていってもらえる。そういう光景がテレビニュースを騒がせるのが毎年の恒例だ。

こうした修能試験を見ていると、韓国はいまだに科挙の国なのだということを実感させられる。

孤高の王の苦悩がよくわかるドラマ「大王世宗」

ドラマ「大王世宗」は、朝鮮王朝最高の名君と呼ばれた世宗《セジョン》（第4代王。在位は1418〜1450年）の人間らしい苦悩を描いた時代劇だ。彼は、韓国の小学校の校庭にかならず銅像があるほど今でも最高の尊敬を集めている。

なぜここまで世宗の評価が高いのか。それは、朝鮮半島固有の文字であるハングルをつくるうえで一番大きな功績があったからだ。

ドラマ「大王世宗」を見ていると、民族固有の文字をつくろうとすることの大変さがよくわかる。

世宗は信頼を寄せていた側近から「漢字以外の文字をつくると文化が衰退する」と猛反

対され、中国大陸の明の使節からは「固有の文字を使うなら我が軍は戦争も辞さない」とおどかされる。

明は、周辺国家が固有の文字をもてば中華文明の繁栄がおびやかされると警戒していたのである。

ドラマでは、固有文字の創製に励む世宗が完全に四面楚歌《そか》になる。それほど、抵抗は大きかった。

当時の事情を振り返ってみると……。

それ以前の朝鮮半島の文字は漢字しかなかった。日本は、平安時代にはひらがなやカタカナをつくって表音文字として活用していたが、15世紀前半までの朝鮮半島では人々が話す言葉を正確に表す文字がまだなかった。

それが様々な弊害をもたらしていた。朝鮮王朝は初期の段階から中央政府の政策が全国の津々浦々まで浸透するように努力していたが、実際に庶民は漢字で書かれた公告文をほとんど読むことができなかった。

その一方で、多くの官僚たちは漢字に精通しているという点で、「自分たちは庶民とは違うんだ」とばかりに特権意識をひけらかしていた。そういうところに世宗は不満をもっていた。

彼は、全国各地に国の政策を浸透させるには、庶民も気軽に読める文字が不可欠だと考えていた。国是としている儒教の基本的な考え方を社会に定着させるためにも、庶民もやさしく覚えられる文字が必要だった。

そこで、世宗は優秀な学者を集めて文字づくりに取り組んだ。苦労の末に、人間が発音するときの口や喉《のど》の形を表す文字が開発された。

知らない人が見たら単なる記号にしか見えないだろうが、記号だからこそ、かえってわかりやすいのである。母音と子音を組み合わせれば、どんな音も文字で表すことが可能になった。

この文字は、世宗のときは「訓民正音《フンミンジョンウム》」と呼ばれていて、1446年に公布された。その中で世宗は、「学問のない人は言いたいことがあっても思いどおりにその意思を表すことができない。これを不憫《ふびん》に思って新たに28字をつくった」と自ら言っている。

訓民正音によって朝鮮半島の人々は、自分の意思を文字で伝えることができるようになった。また、漢字から訓民正音に翻訳された言葉によって国の政策を広く知ることが可能になった。

しかし、知識階級は訓民正音を軽んじて漢字偏重を続けた。

相変わらず、国の公式的な文字は常に漢字で、訓民正音は一段低く見られた。それは朝鮮王朝時代を通して変わらなかった。

しかし、日本の植民地支配から解放されたあと、韓国ではそれまでの漢字偏重を改め、民族固有の文字を積極的に使おうという風潮になった。その中で世宗は神聖化されるようになったのである。

訓民正音は20世紀に入ってから「ハングル」と呼ばれるようになった。この「ハングル」とは「偉大な文字」という意味だ。

胸がすくような勧善懲悪ストーリー「春香伝」

いつ誰がつくった作品なのかはわからないが、「春香伝《チュニャンジョン》」は韓国で最も有名な伝承物語で、過去に何度も映画やドラマになっている。

内容を見てみよう。

17世紀後半、全羅道《チョルラド》（朝鮮半島西南部の地域）で暮らしていた元妓生の月梅《ウォルメ》が、かわいい娘を産んだ。それが春香だ。

春香は母に愛されながら美しく育ち、16歳になった。

そんな彼女に一目惚《ひとめぼ》れした李夢龍《イモンニョン》は、高官の息子という名家の出身で、使いを出して春香を呼び出した。

しかし、春香は毅然《きぜん》としていた。

「私は妓生ではありません。たとえ、えらいお方のご子息でも応じられません」

こう言われても、夢龍はあきらめきれなかった。

話を聞いた母の月梅は、神のお告げだと信じた。なぜなら、月梅は夢の中で立派な龍に出会ったことがあり、「夢龍」という名前に運命を感じたからだ。

母に催促されて夢龍に会った春香は、即座にプロポーズされる。しかし、身分の違いを実感していた彼女は、「自分は貧しい家の者で家柄がつりあわない」と断る。だが、夢龍はますます春香に惚れ、「妻にしたい」と何度も頭を下げた。

彼の誠意に折れた春香。夢龍と幸せな時間を過ごすが、その時間は短かった。夢龍の父が都に栄転することになったのだ。

夢龍は春香を連れて一緒に都に行こうとするが、身分の違いを理由に家族が猛反対。結局、夢龍は断腸の思いで春香を置いて旅立っていく。春香も涙を流し、悲しい別れに身体を震わせた。

それから数か月が経ち、卞学道《ピョンハクト》という男が新たな地方長官として赴任してきた。

彼は順調に出世するほど抜け目がない男だが、始末の悪い女たらしだった。春香の美貌を知った彼は、彼女を自分の前に連れてくるように命令を下す。周囲の部下たちは春香が貞節を守っていることを知っていたために、それを止めようとするのだが、学道は聞く耳をもたなかった。

部下たちは春香を可哀そうに思いながらも、逆らえば処罰されるために、泣く泣く彼女を説得した。それでも春香は拒否したが、最後は周囲に気をつかって学道の前に出た。

噂以上の美貌をもつ春香を見た学道は、すぐに彼女に迫った。しかし、春香は「自分には一生を捧げた人がいる」と拒否した。学道は、「男はお前を捨てた。貞操を守っても意味がない」と一蹴《いっしゅう》するが、春香は断固として初志を貫徹した。

学道は怒り、春香をつかまえてムチ打ちの刑に処した。それでも春香は、決して信念を曲げなかった。

そのとき、夢龍は何をしていたのか。大事な春香が危機に瀕していたのに……。

実は、彼は科挙に合格し、役人の不正を秘密裏に取り締まる暗行御史《アメンオサ》になっていた。全羅道の担当になった彼は、わざと物乞いの服装で世情をうかがい、春香の危機を知った。

その頃、学道の誕生日を祝う宴が開かれた。夢龍はその場にまぎれこみ、酒の余興として学道を批判する詩を披露《ひろう》した。

夢龍の本性を知らない学道は激怒するが、夢龍は「暗行御史参上！」と叫び、その場で学道を解任した。

さらに、夢龍は学道の横暴によって罪人にされた人々を解放すると、春香を自分の前に連れてこさせた。夢龍は頭を下げたままの春香に向かって、罪を許す代わりに自分と肌を交えろと命令する。

しかし、夢龍だと気づかない春香は、断固として拒否した。

あくまでも純粋な愛を貫く春香。夢龍は彼女の一途な生き方に胸を打たれ、ようやく自分の素姓を明かした。権力に屈することなく貞節を守った春香。彼女の愛はこうして報われたのである。

この物語は、厳しい身分制度や傲慢官僚の悪政に苦しんでいた庶民の喝采《かっさい》を浴びた。これほど胸がすく勧善懲悪は他になかった。

それは、民主化弾圧の軍事政権に苦しめられた朝鮮戦争後の韓国社会でも同じだった。どんなに苦しくても、ドラマや映画で「春香伝」を見れば、人々は明日という日を信じることができた。誰もが、最後まで裏切らなかった春香の姿に、人間が守るべき真心を見たのである。

「オクニョ」は実在した悪人だらけの歴史ドラマ！

「オクニョ　運命の女（ひと）」を演出したイ・ビョンフン監督は本当に面白い時代劇をつくる。まずはストーリーがよくできているし、キャスティングが豪華なメンバーだし、登場する施設が臨場感たっぷりだ。

すべてはイ・ビョンフン監督の手腕によって、「宮廷女官　チャングムの誓い」「イ・サン」「トンイ」「オクニョ　運命の女（ひと）」といった傑作が世に生みだされてきた。

そんなイ・ビョンフン監督の制作スタイルの特徴は何か。

彼は、困難な境遇の中で育った主人公が、様々な努力の末に自分の道を切り開いていくという成功物語が大好きだ。「宮廷女官　チャングムの誓い」もそうだし、「トンイ」「イ・サン」「オクニョ　運命の女（ひと）」もそうである。

また、ドラマの最終回ではハッピーエンドな展開を好む傾向があり、長いドラマでも終わりまで安心して見ることができる。たとえば、「イ・サン」がそうだ。

このドラマの主人公である正祖《チョンジョ》は、多くの韓国人が「毒殺されたのではないか」という印象をもっている。正祖毒殺説はあまりに有名なのだ。

しかし、「イ・サン」ではクライマックスまで見ても、毒殺はまったく出てこなかった。いかにも、正祖は大きなことをやり遂げたうえで世を去った、という展開だった。

イ・ビョンフン監督は、毒殺説を採用することで悲劇的な結末になってしまうのを避けたのである。

これが具体的な例だ。常に希望がもてる形でドラマを終わらせるのが、イ・ビョンフン監督の一番大きな信条になっている。

メインとなる出演者については、若くて経験の浅い女優でも大胆に抜擢《ばってき》する傾向がある。「トンイ」のハン・ヒョジュ、「オクニョ　運命の女（ひと）」のチン・セヨンがいい例である。

イ・ビョンフン監督は経験豊富な女優に頼るのではなく、新人でもいきなり主役に選んだりする。そういう大胆なキャスティングをするのも、イ・ビョンフン監督の特徴であり、それが成果を生んでいる。

つまり、イ・ビョンフン監督に演技指導を受けて時代劇のスターになった女優も多いのだ。このように、イ・ビョンフン監督は人気俳優の育ての親としても力を発揮している。

こうした彼の手腕によって、チン・セヨンは「時代劇のヒロイン」として大成したのである。

ところで、チン・セヨンが主役として活躍した「オクニョ　運命の女（ひと）」には、登場人物の中で「悪の集団」と呼べるほどの悪人揃《ぞろ》いの一族がいた。それが、文定《ムンジョン》王后、尹元衡《ユンウォニョン》、鄭蘭貞《チョンナンジョン》という二人だった。まさに、悪人ばかりのファミリーだったのである。

その中で筆頭格のワルだったのが文定王后である。彼女は、11代王の中宗《チュンジョン》の三番目の正妻だった。

そして、中宗の二番目の正妻が産んだ長男が仁宗《インジョン》で、最初は血がつながっていない息子をかわいがっていたが、文定王后も中宗の息子を産むと、途端に仁宗が邪魔になって暗殺をねらい始めた。

結局、1544年に中宗が亡くなって仁宗が即位したが、わずか8か月で急死してしまった。文定王后が手先の鄭蘭貞を使って毒殺したといわれている。その末に即位したのが13代王の明宗《ミョンジョン》だ。彼は11歳で未成年だったので、文定王后が代理で政治を仕切った。

そのころ、朝鮮半島では凶作《きょうさく》が続いて餓死者が多かったが、文定王后は何の対策も立てずに民を見殺しにした。その一方で、賄賂《わいろ》で政治を腐敗させた。

そんな悪徳の王后の弟が尹元衡である。狡猾《こうかつ》な彼は、姉の悪政を利用して大出世を果たした。この男も本当にひどい政治家だった。

彼の妾となっていたのが鄭蘭貞である。彼女は文定王后の陰で数々の悪事を行なった。

さらには、尹元衡と共謀してその妻を無残に殺し、自分が妾から正妻になっている。そのうえで、高い地位を得てから、相変わらず政治の裏舞台で数々の陰謀を働いたのである。

それは、「オクニョ　運命の女（ひと）」でも様々なエピソードで描かれたとおりだった。

このように、文定王后と尹元衡と鄭蘭貞の三人は、歴史に残るほどの悪の一族であった。

「仮面の王　イ・ソン」では世子の権限の絶大さが描かれている

「仮面の王　イ・ソン」は不思議な内容をもっている。生まれたときから仮面をかぶったまま育った世子が主人公になっているのだ。

設定が奇抜だ。なにしろ、ずっと仮面の王子が政治や恋愛に奮闘する姿が描かれている。

そういう意味では、創作アイデアがとても豊かな歴史エンターテインメントといえる。

その仮面の王に扮するのがユ・スンホだ。

彼は子供のころから天才子役といわれていた。映画「おばあちゃんの家」で注目されて以降は、「太王四神記」「王と私」「善徳女王」などでセンスがいい演技を披露し、大人の俳優に成長したあとも「リメンバー」などで活躍している。

共演しているヒロインはキム・ソヒョンだ。

彼女も韓国ドラマが好きな人にとって愛着のある女優だ。子役時代は「太陽を抱く月」で同じく天才子役と称されたキム・ユジョンと共演して華やかな話題をふりまいていた。ユ・スンホともドラマ「会いたい」で共演しており、二人は「仮面の王　イ・ソン」で4年ぶりにドラマで再会している。

キム・ソヒョンはこのドラマの中で薬草を扱う家の娘に扮しているが、ストーリーの始まりを紹介しよう。

朝鮮王朝のある時代、「辺首会《ピョンスフェ》」という秘密結社があった。こともあろうに、国王がこの辺首会に弱みを握られてしまい、大切な世子の命を引き替えにして、水を管理している役所の全権を渡すことになってしまった。

世子は仮面で素顔を隠さざるを得なくなるが、自分がなぜそんな運命になったのかを知りたくなり、王宮を抜け出して様々な捜査を行なっていく。その過程で辺首会の存在を知り、秘密結社の壊滅をめざしていくのである。

その世子であるイ・ソンをユ・スンホが凛々《りり》しく演じていて、キム・ソヒョンが扮するハン・ガウンは薬草にとても詳しい娘となって様々な形でイ・ソンを助けていく。

秘密結社の正体、世子イ・ソンの王宮内外での奮闘、朝鮮王朝時代の情熱的なラブストーリーなどが「仮面の王　イ・ソン」でたっぷりと描かれており、完成度が高い時代劇として人気を博した。

ところで、「仮面の王　イ・ソン」では、イ・ソンが世子として王朝の中で絶大な権力をもっていることも描かれている。

それほど、世子というのは、とてつもない存在なのだろうか。

なにしろ、朝鮮王朝というのは、国王が世襲で継承されることが大前提である。実際に518年間に27人の国王が世襲で誕生している。

新しい国王が誕生すると、一番最初にしなければならないことが世子を決めることなのだ。とにかく、新しい国王といえども、いつ死ぬかもわからない。王朝継承に断続を起こさないためにも、真っ先に世子を選定する。

そのために、世子は早ければ5歳くらいから決められる。そして、平均すると、10歳ほどで世子は結婚し、15歳になると成人と見なされて王朝の公式行事にどんどん出てくる。そして、政治の場でも国王に次ぐナンバー2として国家の重要事項を決める権限をもっていく。こうして経験を積み、もし国王が亡くなれば新しい国王として即位するのである。

「仮面の王　イ・ソン」では、世子のイ・ソンが罪に問われた庶民を釈放する場面が出てくるが、そうした法律や刑罰についても世子は自分で決定権をもっている。そういう意味では、法律を超越した存在であるともいえる。

朝鮮王朝なるほどQ&A（1）

Q．韓国と日本とでは、時代劇の内容に違いがありますか。

A．韓国の時代劇は朝鮮王朝時代を舞台にしたものが圧倒的に多いのですが、この時代の特徴は王制を頂点とする文人政権だったたということです。それが時代劇の内容にも反映されています。たとえば、「宮廷女官　チャングムの誓い」「イ・サン」「トンイ」などは、宮廷内の人間模様や高官同士の権力闘争が描かれていました。つまり、武人による英雄物語のようなものはあまり制作されていません。

また、朝鮮王朝時代には、各分野で独自の才能を発揮した人を数多く輩出していますが、時代劇でも「ファン・ジニ」「ホジュン」のように、自らの力で道を切り開いていった庶民が主人公になっていました。

一方、日本の時代劇は戦国時代、江戸時代、幕末が舞台となっていて、主人公はほとんどが武士です。しかも、そこで細かく描かれたのは武家社会でした。日本と朝鮮半島の政治体制の違いが、現在の時代劇のつくり方にも反映しているといえるでしょう。

Q. **韓国の時代劇を見ていると、女性が着るチョゴリがとてもすばらしいと思います。朝鮮半島では昔からチョゴリを着ていたのですか。**

A. 現代の韓国では、女性がチョゴリを着るのは冠婚葬祭にかぎられています。しかし、朝鮮王朝時代までは普段着から礼服まで常にチョゴリを着ていました。

そもそも、チョゴリとは上着のことです。男性でも女性でも、上着として着る衣装のことをチョゴリと呼んだのです。その下に、女性はチマと呼ばれるスカートをはき、男性はパジと呼ばれたズボンをはきました。

高句麗《コグリョ》の古墳壁画にもチョゴリが描かれていますから、朝鮮半島では古代からチョゴリが着用されていたのです。

チョゴリは、各時代によって長さや袖《そで》の幅が変化しました。素材は絹、綿、麻などが使われましたが、色や形で身分の違いを表すこともありました。たとえば、庶民は通常、白か地味な色のチョゴリを着ることが一般的でした。その一方で、貴族階級は華麗な色のチョゴリを着て、身分の高さを誇示しました。

チマチョゴリの着方

①下着を着ます。

②ソッチマ（スカートの内着）を着ます。
ホックやファスナーが前に来るよう着ます。

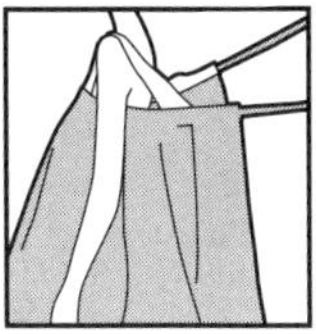

③チマ（スカート）を着ます。
チマは巻きスカートで前から両腕を通す。

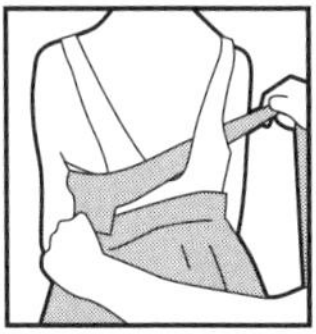

④チマ（スカート）を巻きます。
後ろの左の紐を右の背中の白い生地に通してそのまま前へ。

⑤チマ（スカート）を結ぶ。
後ろから持ってきた紐を胸の前でリボン結びします。

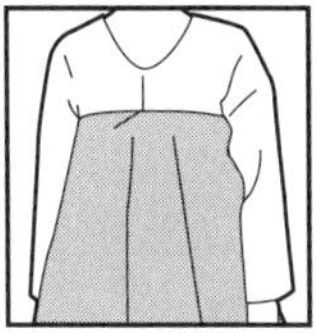

⑥ソッチョゴリを着ます。

胸の紐オッコルンの結び方

①チョゴリを着ます。
胸の内ボタンを留めて下さい。

②オッコルンを結びます。
右のオッコルン（胸の紐）を上にして1度結ぶ。

③オッコルンを上下に分ける。
結んだときに上と下にオッコルンを分けます。上のオッコルン（胸の紐）は肩に、下のオッコルン（胸の紐）はそのまま垂らす。

④オッコルンを結ぶ。
上のオッコルンを右手に2度巻き

⑤オッコルンを通す。
右手に巻いた輪の中に垂れているもう1本のオッコルンを通す。

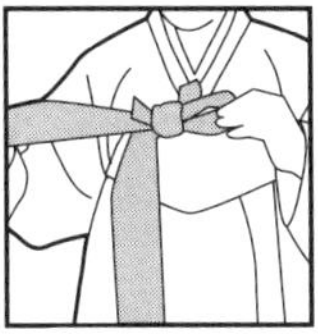

⑥オッコルンを整えます。
下のオッコルンをひっぱると結びがきつくなる。

Q. 韓国の時代劇を見ていると、男女が親しげに会話をする場面が多く出てきますが、実際には男女の付き合いも厳しく制限されたのではないでしょうか。

A. そのとおりです。時代劇は話を面白くするために、宮廷内や庶民社会で男女が普通に交わっていますが、実際はそこまで親しくできませんでした。ペ・ヨンジュンが主演した映画「スキャンダル」は朝鮮王朝時代の貴族社会を描いていますが、女性は男性と会話を交わすどころか目も合わせていませんでした。

儒教思想は人間の序列を容認しますが、その中で朝鮮王朝時代は男尊女卑という考え方が強調されました。「女性に学問をさせない」という風潮も根強くあり、20世紀になっても読み書きができない女性がかなりいたようです。また、儒教的な「男女七歳にして席を同じゅうせず」という社会規範も当然のことと受け入れられ、女性は他の家の男性と親しく会話をしてはならないという雰囲気でした。

また、女性は外出時に素顔をさらさない、ということも守られており、上流階級の女性ともなると、外出時に使用人を周囲に配置して、自分の姿を外に見せないようにしました。こうした雰囲気では、男性も気軽に女性に話しかけるわけにもいきません。婚礼も親同士で決め、女性には結婚の自由もありませんでした。そんな不自由な社会でも、朝鮮半島の女性たちはたくましく育ち、気丈に一家の生活を支えました。

第2章

王になると
こんな人間に
なってしまうのか

王はスーパーマンなみに働いていた

高麗《コリョ》王朝を倒して1392年に建国された朝鮮《チョソン》王朝。順風満帆のスタートを切った、といいたいところだが、実際は王朝の出だしもヨタヨタしていた。中国大陸から異民族が侵入してくる可能性があったし、高麗王朝を悩ませた倭寇《わこう》の襲来も相変わらず続いていた。

早く盤石の体制をつくらなければならないのに、王家では初代王の李成桂《イソンゲ》の息子たちが跡目をねらって骨肉の争いを繰り広げた。

民心も落ち着かず、朝鮮王朝の先行きは真っ暗だった。にもかかわらず、結果だけを見ると、朝鮮王朝は1910年まで約520年も延々と存続した。日本でいえば、室町時代から明治時代に至るほどの長い期間である。

最初に不安だらけだった王朝が、なぜこれほどまで長く続いたのか。

大きかったのは、高等官僚の功績で王を頂点とする中央集権が早めに整備できたこと。それまでの朝鮮半島の政治史を見ると、地方の豪族が勢力を伸ばして王権をおびやかすことで内乱が生まれていたのだが、徹底した中央集権体制によって危険分子たちは完全に抑え込まれた。

同時に、国教として定めた儒教が全国に浸透し、身分制度のもとで確固たる社会規律が生まれて民心が安定した。

ただ、危機がなかったわけではない。長い朝鮮王朝史の中で最たる悪弊となったのは、高等官僚による派閥闘争だった。

野合と分裂を繰り返しながら高等官僚たちは党争に明け暮れ、しばしば政権の屋台骨を揺るがした。ただ、瀬戸際では王の求心力によって危機が回避された。そういう意味でも、王は唯一無二の絶対権力者であった。

朝鮮王朝の王というのは、どれだけの力があったのか。

現代的な感覚でいうと、総理大臣、外務大臣、財務大臣、最高裁判所長官を兼ねるほどの存在だった。

王は自ら政治と経済の権限を一手に握り、外交を仕切り、法律をつくり、税金を徴収し、官僚の人事権を掌握した。それればかりではない。民衆統治の最終決定者でもあったので、重大な罪を犯した者に死罪を言い渡したり、直訴に及んできた地方の人々の声に耳を傾けたりした。

驚くべきことに、王がこなす仕事は1万種類もあったという。

もちろん、一人でなんでもこなすわけではないが、並外れた精神力と体力がないと務まらない地位だった。

その毎日の実務がどれほど大変だったのか。

王の日々の営みを見てみよう。

起床時間は午前5時頃。儒教の国らしく、まずは母や祖母といった年長の人たちに挨拶《あいさつ》をする。

それから朝の学習を行なう。儒教の経書を読み、高等官僚たちと学問討論をする。その後に朝会に臨む。大臣や担当部署の者から報告を受けて、適切な指示を出す。

午後になると、各地の現状の把握に努めた。これでもまだ1日の務めは終わらない。夕方には再び学習に没頭し、文化と教養の修得に努めた。自由時間は、夕食後に少しあるだけだった。

朝鮮半島を統治する最高権力者としての王。これほどの重労働が毎日続くのだから、病に倒れる人も少なくなかった。

果たして、過労死した王は何人いたのだろうか。


〈朝鮮王朝の主な行政機関〉

- ◆議政府　行政府の最高機関（六曹）
  1. 吏曹（文官の人事などを担当）
  2. 戸曹（徴税と財政などを担当）
  3. 礼曹（儀礼、外交、科挙などを担当）
  4. 兵曹（軍務と武官人事などを担当）
  5. 刑曹（法務、刑罰、奴婢管理を担当）
  6. 工曹（土木、営繕などを担当）
- ◆承政院　（王の秘書役。特に王命の出納事務を担当）
- ◆義禁府　（王命に従って罪人を取り調べる）
- ◆弘文館　（宮中の経籍を管理し、王の諮問に備える）
- ◆司憲府　（官僚の不正を糾弾して風紀を守る）
- ◆司諫院　（王に諫言し、政治の非を指摘する）
- ◆漢城府　（首都の司法、行政、治安などを担当）

王の名にある「祖」と「宗」はどう違う？

朝鮮王朝には合計で27人の王がいた。その名前を81ページにまとめたので、順に見てみよう。どんなことに気づくだろうか。

そう、王の名の最後が「祖」「宗」「君」の3つに分かれている。それぞれに意味合いが異なっているためだ。

実は、私たちがいま王の名として呼んでいるのは諡《おくりな》なのである。つまり、王の死後に贈られた名前で、生前にこう呼ばれたことはなかった。

ただ、「君」がついている二人（10代王の燕山君《ヨンサングン》と15代王の光海君《クァンヘグン》）だけは違っている。この二人は在位中に追放された王で、まともな諡がなかったので、格下の「君」がついている。

一方、「祖」と「宗」は立派な諡。この違いは何だろうか。

諡のつけ方には原則があって、多大な功績があった王に「祖」、徳があった王に「宗」をつけていた。

たとえば、朝鮮王朝をつくった初代の李成桂《イソンゲ》は太祖《テジョ》。これは王朝の創設者によくつけられる諡だ。その他に「祖」がついているのは、世祖《セジョ》、宣祖《ソンジョ》、仁祖《インジョ》、英祖《ヨンジョ》、正祖《チョンジョ》、純祖《スンジョ》の六人。最初の三人は、異民族の侵略から国を守ったという功績が認められて、「祖」がついている。

また、英祖と正祖の場合は、最初は「宗」がついていて英宗や正宗となっていたのだが、後に改めて「祖」が贈られて英祖や正祖になった。これは、諡の昇格といえるかもしれない。

「祖」が贈られなかった場合には、諡に「宗」がついた。ここで不思議なのは、第4代の世宗《セジョン》に「祖」がついていないことだ。現在では、ハングルを創設した大王として世宗は聖君に祭り上げられているというのに……。

当時は、ハングルをつくったことが今ほど評価されていなかったのかもしれない。

一方、それぞれの王は生存中になんと呼ばれていたのだろうか。

王の姓は李《イ》で、現在の韓国でも金に次いで二番目に人口が多い姓だ。もちろん、朝鮮王朝時代にもありふれた姓だった。

ただ、各王の名前のほうは非常に難しい漢字一字となっていた。たとえば、正祖は祘《サン》、世宗は祹《ト》である。こういう漢字は昔も今もほとんど使われないが、それを名前にしているのには理由があった。

実は、王の名前を誰かが漢字で書くことは、あまりに畏れ多いということで禁じられていた。当時、文章の中で王の名前と同じ漢字を使った場合は、処罰の対象となってしまうほどだ。そこで、一般の人々がうっかり王の名前を書かないように、難しくて普段使わない漢字を使ったのだ。

もちろん、王の存命中に配下の者が王の名前を直接呼ぶことは厳禁。代わって、「殿下《チョナ》」などと呼ぶのが普通だった。

代	名前	読み	生年と没年	在位期間
1	太祖	テジョ	1335〜1408年	1392〜1398年
2	定宗	チョンジョン	1357〜1419年	1398〜1400年
3	太宗	テジョン	1367〜1422年	1400〜1418年
4	世宗	セジョン	1397〜1450年	1418〜1450年
5	文宗	ムンジョン	1414〜1452年	1450〜1452年
6	端宗	タンジョン	1441〜1457年	1452〜1455年
7	世祖	セジョ	1417〜1468年	1455〜1468年
8	睿宗	イェジョン	1450〜1469年	1468〜1469年
9	成宗	ソンジョン	1457〜1494年	1469〜1494年
10	燕山君	ヨンサングン	1476〜1506年	1494〜1506年
11	中宗	チュンジョン	1488〜1544年	1506〜1544年
12	仁宗	インジョン	1515〜1545年	1544〜1545年
13	明宗	ミョンジョン	1534〜1567年	1545〜1567年
14	宣祖	ソンジョ	1552〜1608年	1567〜1608年
15	光海君	クァンヘグン	1575〜1641年	1608〜1623年
16	仁祖	インジョ	1595〜1649年	1623〜1649年
17	孝宗	ヒョジョン	1619〜1659年	1649〜1659年
18	顕宗	ヒョンジョン	1641〜1674年	1659〜1674年
19	粛宗	スクチョン	1661〜1720年	1674〜1720年
20	景宗	キョンジョン	1688〜1724年	1720〜1724年
21	英祖	ヨンジョ	1694〜1776年	1724〜1776年
22	正祖	チョンジョ	1752〜1800年	1776〜1800年
23	純祖	スンジョ	1790〜1834年	1800〜1834年
24	憲宗	ホンジョン	1827〜1849年	1834〜1849年
25	哲宗	チョルチョン	1831〜1863年	1849〜1863年
26	高宗	コジョン	1852〜1919年	1863〜1907年
27	純宗	スンジョン	1874〜1926年	1907〜1910年

朝鮮王朝をつくったやりすぎの創業者「李成桂」

李成桂《イソンゲ》の先祖は、全州《チョンジュ》（現在は全羅《チョルラ》北道の道庁所在地）の豪族だった。

しかし、李成桂は全州からはるかに遠い朝鮮半島北東部で生まれている。その理由は、李成桂の4代前の先祖が、妓生をめぐって地元の役人と大ゲンカをして故郷を追われたからだった。

いわば、流浪の一族にも似た李成桂の境遇だったが、彼は幼い頃から聡明で度胸があり、特に弓の扱いに長けていた。

成人すると、高麗《コリョ》王朝の武将として活躍。倭寇《わこう》の撃退で戦功を次々に挙げて一気に頭角を現した。

ある日、李成桂は妻の実家を訪ねた。その帰り道に日が暮れてしまい、小さな寺で一夜を過ごした。

そこで不思議な夢を見る。

夢の中で李成桂は、崩れかけた建物にあった三本の立派な柱を背負っていた。

「なぜ、柱なのか?」

気になった李成桂は、無学大師《ムハク》という高名な僧に話を聞いた。すると、無学大師はこう言った。

「崩れかけた家は高麗をさします。柱を三本背負ったということは、そのときの姿は〝王〟の字に似ていたのでは……。あなたは王になる夢を見たのです」

この言葉は、後の李成桂の運命を大きく動かすことになる。

時は流れ、1388年、中国大陸で台頭してきた明は高麗を何度も威嚇《いかく》してきた。頭を痛めた高麗第32代の禑王《ウワン》は、ついに明との戦いを決意した。

しかし、李成桂は反対した。

「小国が大国に逆らうのはよくないですし、今は夏で農業が忙しいのに若者たちを兵として使うのは無理です。それに、北に遠征すると南の国防が手薄になり倭寇の侵略を受けることになりますし、長雨の時期は暑さと湿気で病気が増えます」

李成桂がここまで反対しても、明への出兵は強行された。大軍を率いた彼は、予想どおり雨で行く手を阻まれてしまう。

目に見えて落ちていく兵士たちの士気……。このとき、李成桂は、無学大師の言葉を思い出した。

「あなたは王になる……」

李成桂は覚悟を決めた。

彼は鴨緑江《アムノッカン》の下流の中州だった威化島《ウィファド》から全軍を引き返し、攻撃目標を高麗の首都であった開城《ケソン》に定めた。

勢いに乗った李成桂軍。高麗の他の武将は止めることができず、彼は開城を制圧して一気に高麗の実権を握った。

李成桂はすぐに禑王を追放し、傀儡《かいらい》を王位に就けて裏で王朝を操った末に、1392年に自ら王となって朝鮮王朝を開いた。

彼こそが初代の太祖《テジョ》である。

王朝を新たに開くと、次から次へと欲が出てくる。

「長く続く王朝にしたい。そうなると、気がかりなのが高麗の残党ども……」

太祖は、前王朝の血を根絶することに執念を燃やした。そのために謀略も考えた。

まず、〝高麗王の一族に島をひとつ与える。そこで安寧に暮らせ〟と全土に公示した。おびえて隠れていた一族の人たちは、この言葉を信じ、太祖が用意した船に乗って島をめざした。しかし、船には細工がしてあって、あえなく沈没。乗船した者は全員が溺《おぼ》れ死んでしまった。

まだ山中に隠れていた高麗王の一族は、この出来事で縮み上がった。彼らはもともと〝王《ワン》〟

という姓だったが、自分の身分を隠すために、〝全《チョン》〟〝田《チョン》〟〝玉《オク》〟などと姓を変えて生き続けた。どの漢字にも〝王〟の文字が入っているところに、彼らのプライドが感じられる。

１３９３年、新たな王朝づくりを着々と進める太祖は、国号の選定に取り組んだ。古来から由緒ある国名として知られた〝朝鮮〟と、自分の先祖の出身地にあたる〝和寧〟の二つを候補にして中国大陸の明におうかがいを立てた。

このあたりは、太祖も相当に明に気をつかっている。その結果、明が推薦してきた〝朝鮮〟に国号は決まった。

そして、１３９４年に都を開城から漢陽《ハニャン》（現在のソウル）に移し、ここに王朝の基盤は固まった。

いっかいの兵から王にまで成り上がった太祖だが、その人生は栄光に満ちていただけではなかった。晩年は息子たちが後継をめぐって骨肉の争いを繰り返し、心を痛めるばかりだった。

クーデターで王権を奪取した武闘派「太宗」

太祖（李成桂）には息子が八人いた。

最初の妻の神懿《シンイ》王后・韓《ハン》氏から六人、後妻の神徳《シンドク》王后・康《カン》氏から二人だった。

朝鮮王朝建国の過程で、神懿王后・韓氏の息子たちは太祖の大きな力となった。特に、最大の貢献者は五男の芳遠《バンウォン》で、自らの強腕で父の邪魔になる者たちを次々と排除していった。

しかし、太祖は神徳王后・康氏との間にできた八男の芳碩《バンソク》を溺愛《できあい》し、ついにはまだ10歳だった芳碩を後継ぎに指名した。この決定に芳遠は怒った。実の兄たちならばいざ知らず、建国時になんの働きもなかった異母弟が王になるなんて絶対に許せないことだった。

最大の武闘派であった芳遠を警戒したのが、太祖が最も信頼を寄せていた側近の鄭道《チョンド》伝《チョン》だった。彼は芳碩の後見人でもあり、脅威になる異母兄たちを亡き者にしようと企んだ。

1398年、鄭道伝は太祖が危篤《きとく》だという嘘《うそ》の情報を流し、異母兄たちを宮中に集め一網打尽にしようとした。

何も知らず宮中に集まる兄弟たち。だが、その中に芳遠の姿はなかった。彼は鄭道伝が自分たちを殺そうとしていることに気づいていた。

反撃は素早かった。

芳遠は兄たちを救出すると、すかさず鄭道伝の首をはねた。続けて、鄭道伝と共謀したと言い掛かりをつけて、異母弟の芳碩までも殺してしまった。この出来事は「第一次王子の乱」と呼ばれている。

太祖は逆上して芳遠を罵《ののし》ったが、功績が大きい彼を処罰まではしなかった。ただ、受けた衝撃が大きく、1398年に退位して王位を次男の芳果《バングァ》に譲った。彼が2代王の定宗《チョンジョン》である。

王になったとはいえ、実質的な権力は芳遠が握っていて定宗には力がなかった。彼には後継ぎとなる息子がいなかったこともあり、次に王になるのは芳遠だと誰もが確信していた。

しかし、四男の芳幹《バンガン》は欲を出し、弟の芳遠を始末して自分が王になろうと画策した。そのあたりは芳遠も見抜いていた。

1400年、ついに二人の王子たちの争いが始まった。しかし、高麗の時代から武闘派でならす芳遠には芳幹も歯が立たない。敗れた芳幹は命こそ救われたが、官職を剥奪《はくだつ》された上で島流しにされた。これを「第二次王子の乱」という。

この身内同士の争いに一番恐怖を感じたのは定宗だった。

「このままでは自分の身も危ない」

そう感じた定宗は、すぐに芳遠に王位を譲り隠居した。彼の統治はわずか2年だけだった。こうして、芳遠は3代王の太宗《テジョン》になった。

彼は、王子同士の争いで混乱した民心を安定させることに心血を注いだ。ただ、ひとつだけ悩みの種があった。それは、太祖が太宗の即位を認めず、王の証である玉璽《ぎょくじ》を持って朝鮮半島北東部の咸興《ハムン》にこもってしまったことだ。

太宗は、玉璽を返すように太祖に多くの使いを送った。しかし、太祖はそうした使者たちをことごとく弓で射殺してしまった。そのために、宮中では咸興に送った使者は帰ってこないものとあきらめるようになった。

今でも韓国ではこの故事から、行ったきり戻ってこない人をさして「咸興差使《ハムンチャサ》」と呼んでいる。〝差使〟とは〝使者〟という意味だ。

一方、自分の意地のために多くの使者を殺してしまった太祖は、やがてそのことを強く後悔するようになった。

王になるきっかけを与えてくれた無学大師に説得されたこともあり、太祖は都に戻り、玉璽を太宗に渡した。

そして、太祖は１４０８年に73年の生涯を終えた。

以後、太宗は名実ともに朝鮮王朝の最高権力者となり、さらなる剛腕で朝鮮半島全土を統治していく。

今も尊敬を集める王朝最高の名君「世宗」

朝鮮王朝が国教に定めた儒教では、家督は長男が継ぐのが原則だった。しかし、王家の代替わりを見ると、長男が王に就《つ》く例は意外と少なかった。３代王の太宗にしても、彼は五男なのに王になっている。

晩年の太宗は、後継ぎを誰に決めるかでいつも悩んでいた。原則を守ろうとすれば、長男の譲寧《ヤンニョン》に譲るのが筋だった。しかし、太宗はむしろ三男の忠寧《チュンニョン》のほうに王の資質を感じとっていた。

その父の思いに気づいた譲寧も戸惑った。

「頭がいい忠寧が王になれば、この国も安泰だろう」

そう悟った譲寧は、大胆な行動に出た。宮中であえて無能を装い、陰で側近たちの嘲《ちょう》笑《しょう》を浴びるようになった。

酒に浸り王宮を抜け出して放蕩《ほうとう》する譲寧。ついに太宗は長男の継承権を剥奪《はくだつ》した。

このことに一番驚いたのは、次男の孝寧《ヒョニョン》だった。

「順番からいえば、自分が次の王になる」

そう自覚した孝寧は、一層勉学に励むようになった。しかし、彼は自らの能力の限界に苦しんだ。やがて、譲寧の深い意図に気づくようになった。

「兄はわざと乱心のようにふるまったのか……」

孝寧は兄の犠牲的な精神に深い感銘を受けた。

その後はもうためらわなかった。後継の座を忠寧に譲り、頭をまるめて仏門に入ってしまった。

二人の兄の不思議な行動の末に、本来は縁遠かったはずの玉座が忠寧の前に用意されるようになった。

父と二人の兄が認めた忠寧の聡明さ。多くの逸話が残っている。

幼い頃から書物を読むことが好きだった忠寧。10代のときに長く病床にあっても書物を手離さなかった。

心配した父は、書物をすべて隠してしまうように側近に厳命した。しかし、忠寧は屏《びょう》風《ぶ》の陰に残っていた書物を一冊見つけだして、それを何百回も読み続けた。彼にとって、生きることは書物を読むことだった。

1418年、太宗に禅譲《ぜんじょう》される形で忠寧が第4代王の世宗《セジョン》となった。ただし、隠居したはずの太宗は相変わらず軍事権などの大きな権力を握っていて、実質的には太宗が王位に就いているのと変わらなかった。しかし、それは世宗にとっても悪いことではなかった。まだ若かった世宗は経験不足だったが、院政を敷く太宗に従いながら徐々に帝王学を身につけていった。

1422年、太宗が亡くなり、世宗は正真正銘の王となった。

もともと聡明なうえに実務にも慣れ、世宗は大いに真価を発揮した。彼の類《たぐい》まれなる指導力は、政治、経済、文化、社会の全域に広く及んだ。

彼は王に集中していた国権を分散し、後継ぎにも一定の権力を渡した。このように権力を分けたのは、王に不備があったときに混乱が起きないようにするための措置だった。

世宗は国民を深く愛し、臣下の者たちを信頼した。彼が人事活用の面で優れていたのは、身分が低くても能力がある者に役職を与えて出世させたことだ。厳しい身分制度のもとではなかなかできないことであり、その点で世宗には柔軟な思考があった。

ただし、コネで人事を歪めることを嫌った。

たとえば、世宗が寵愛した側室が、「兄に役職を！」と頼んできたことがあった。本来なら、いい顔をして願いをかなえてやりたいところだが、世宗はきっぱりと断った。それどころか、その側室を以後は遠ざけてしまった。

また、側近たちの手をわずらわせることを慎んだ。

世宗が病気になったとき、側近が進言してきた。

「白い雄鳥《おんどり》、黄色い雌鳥《めんどり》、羊の肉が効能に優れています。殿下に毎日献上いたしましょう」

そう言われて、世宗はきっぱり断った。

「わが国には羊がいないではないか。たとえ病気を治すためとはいえ、むやみに動物の命を奪ってはならない」

世宗の言葉にはいつも優しさがあった。

そんな世宗には、ぜひ取り組んでみたいことがあった。民族固有の文字の創製である。

当時の朝鮮王朝は漢字だけを使っていたが、難解で庶民は本を読むどころか自分の名前さえも書けなかった。

そこで、世宗は優秀な学者を周囲に集め、一緒になって新しい文字の作成に取り組んだ。その成果として完成したのが、28字から成る訓民正音《フンミンジョンウム》（のちのハングル）である。１４４６年に公布され、以後は庶民の間で使われるようになった。

世宗は１４５０年に53歳で亡くなった。

最期を迎える数日前、彼は大恩赦《おんしゃ》を実行した。よほどの極刑でないかぎり、罪を赦《ゆる》した。それほど慈愛の精神が深かったということか。さぞかし思い残すことはなかっただろう。

甥《おい》から王位を奪った非情の野心家「世祖」

世宗は、18人の息子と四人の娘をもうけたといわれている。

朝鮮王朝27人の王の中でも特に子供の数が多かった。それだけ側室がたくさんいたのだ。聖君と崇められるほどの大王なので、現代の感覚でいうと側室の多さに違和感があるが、当時の王としては一般的なことだったのだろう。

18人の息子の中で、長男は珦《ヒャン》で、次男は首陽《スヤン》だった。首陽は賢くて野心家だった。しかし、次男である以上、自分が王になれないことは覚悟していた。一縷《いちる》の望みは捨てていないとしても……。

その一縷の望みとは、珦が病弱だったことだ。案の定、珦は1450年に即位して5代王の文宗《ムンジョン》になったが、わずか2年3か月の在位で亡くなった。学識に優れていた上に温厚な性格だったので、その死を誰もが惜しんだ。

後継者は文宗の息子の弘暐《ホンウィ》で、1452年に即位して端宗《タンジョン》となった。まだ11歳だった。文宗は亡くなるまで端宗のことを心配していて、しっかり守ってくれるように側近たちに頼んでいた。

その側近たちが最も警戒したのが首陽だった。彼は幼い王を補佐するという名目で、王権にことごとく干渉してきた。

そして、ついに「陰謀の嫌疑あり」という理由で端宗の側近たちを次々に殺害。端宗に対しても強圧的な態度をとってきた。

24歳も上の叔父におどかされて、ついに端宗は首陽に王位を譲らざるを得なくなった。こうして首陽は1455年に7代王の世祖《セジョ》になった。

しかし、世祖への風当たりは強かった。

「泥棒のように王位を奪った」

世間ではみんながこう噂した。

世宗時代からの忠臣の間では、端宗の復位をねらう動きが起こった。

しかし、世祖はこの動きを力づくで抑えつけた。その際には、むごたらしい血が数多く流された。

端宗が生きていては安心できない、と感じた世祖は、端宗を流刑にしたうえで死薬を与えて殺した。

端宗はまだ16歳だった。

聖君と崇められる世宗の次男が、これほどの非道を繰り返したのだ。王位継承をめぐる王族の争いは、初期の朝鮮王朝の恥ずべき悪癖だった。

世祖の治世は1468年まで13年間続いた。

彼は王朝の基本法典である「経国大典」の編纂《へんさん》に功績があり、王権の強化という面でも実力を発揮した。

しかし、晩年の世祖は妄想《もうそう》に苦しめられたという。長男が19歳で夭逝《ようせい》したことも世祖にとって痛手だった。ちなみに、世祖の後を継いで8代王の睿宗《イェジョン》になった次男も19歳の若さで亡くなっている。

「息子たちがみんな早死にしている。祟《たた》りじゃ！」

庶民たちはそういった。

後世から見れば、世祖は評判の悪い王であった。

酒池肉林に溺れた最悪の暴君「燕山君」

ソウル市の一角に、一切の装飾がなく、ただ「燕山君之墓」とだけ書かれた寂しげな王陵（王の墓）がある。ここには、〝希代の暴君〟といわれた10代王の燕山君《ヨンサングン》が眠っている。

この燕山君は、なぜ暴君と呼ばれるに至ったのか。

そこには、寂しい生い立ちがあった。

彼は、9代王の成宗《ソンジョン》の長男として1476年に生まれた。名は㦕《ユン》と称した。

㦕は母の愛を知らずわがままに育った。実は、母である斉献《チェホン》王后・尹《ユン》氏は、自分以外の側室に目を向ける成宗に嫉妬して、宮中に呪いの言葉をもちこんだために追放されていたのである。

自尊心があまりに強かった彼女は、やがて精神を病むようになった。さらには、罪を許そうと訪ねてきた成宗の顔をひっかいて傷つけてしまった。その果てに、毒薬を飲まされる刑に処された。

斉献王后・尹氏が毒死するところは、「宮廷女官　チャングムの誓い」の第1話の冒頭に出てくるので、記憶している人も多いのではないだろうか。

成宗は、自分が追放したとはいえ、斉献王后・尹氏との間に生まれた長男の㦕を後継ぎに決めた。反対が多かったのは事実だが、王権継承者は長男が原則、という定めに従ったのだ。

こうして1494年に、㦕は10代王の燕山君として即位した。

後の世で燕山君の評価は最悪なので、彼にまつわる逸話もひどいものばかりである。代表的なのは、ひとつは鹿《しか》、もうひとつは恩師をめぐる話だ。

ある日、成宗は子供時代の燕山君を庭に呼んだ。そのとき、成宗がかわいがっていた鹿が、燕山君になついて手の甲や衣類をなめた。しかし、燕山君は急になつかれたことに腹を立て、その鹿を思いっきり蹴飛《けと》ばした。成宗が大事に飼っていた鹿であるにもかかわらず……。

また、子供時代の燕山君の教育係を仰せつかった優秀な側近も悲惨な目にあった。彼は、将来の王に帝王学を授けるためかなり厳しく指導したのだが、これを燕山君は根にもっていた。即位するとすぐに、その側近を処刑してしまった。

こうした例を見ても、燕山君が傲慢《ごうまん》で執念深い人物であることがわかる。

彼は、学問が好きではなかったので、儒教的な教養主義の高等官僚たちが大嫌いだった。そこに目をつけた奸臣《かんしん》は、〝王の実務を記録する係の者たちが7代王の世祖《セジョ》を侮辱した文を書いている〟と告げ口をした。

その言葉を真《ま》に受けた燕山君は、多くの罪なき人たちから官職を剥奪したうえで斬首《ざんしゅ》の刑に処した。

生活も荒れる一方で、王朝の最高学府である成均館までも酒宴場にして、酒池肉林の宴を連日催した。

こんな王の下では庶民の反感も大きくなる。

人々は、いたるところにハングルで「王は女と酒しか頭にない最低な人物だ」「燕山君こそ無能の暴君」というような張り紙を貼り出した。その話を聞いた燕山君は、庶民がハングルを使うことも禁止した。

王宮が混乱する中、さらに事態を悪化させる出来事が起こった。出世欲にかられた者が、宮中でタブーとされていた燕山君の母の追放劇をばらしたのだ。それまで、燕山君は何も知らされていなかったのに……。

事実を知った燕山君は、あまりの怒りと悲しみで一晩中泣き続けた。その涙をぬぐった彼が一番最初にしたことは、母を復位させることだった。それは父である成宗の判断を否定する行為であり、宮中では反対する声が多くあがった。しかし、燕山君は耳を貸さなかった。

それだけではなく、母の死に関わった者、傍観《ぼうかん》した者、母の復位に反対する者の官職を剥奪《はくだつ》し、片っ端から首をはねた。この命令は死者も例外ではなく、墓をあばき、生者と同じことをした。

燕山君が即位してから11年が過ぎた。

王の乱行がますますひどくなった。国を憂えた重臣たちが反乱を起こし、燕山君は王位を奪われた。代わって、燕山君の異母弟が後継者となった。これが11代王の中宗《チュンジョン》である。

王位を追われた燕山君は、島流しにされ、１５０６年にわずか30歳で命を落とした。

「棚からボタ餅」の即位で業績を挙げられなかった「中宗」

中宗《チュンジョン》は朝鮮王朝を舞台にした時代劇で一番登場する国王だといわれている。確かに、「宮廷女官　チャングムの誓い」をはじめとして中宗は本当に出番が多い。その「宮廷女官　チャングムの誓い」では、イム・ホという「時代劇の常連俳優」が中宗を演じて立派な国王として描かれていたが、本当はどんな国王だったのだろうか。

実は、史実に照らすと、中宗は優柔不断な国王だった。もっとハッキリいえば、まったくダメな国王だった。その根拠を挙げてみよう。

1506年に暴君の燕山君《ヨンサングン》がクーデターで廃位となり、その異母弟が新しい国王になった。それが中宗である。

けれど、彼はクーデターを成功させた高官たちにかつがれて国王になったので、高官たちに頭が上がらなかった。結果的に、自立性が乏しかった。

象徴的なのが、高官たちが中宗に対して「妻の端敬《タンギョン》王妃を離縁してください」と要求したときだ。なぜ、高官たちはそんな無謀なことを言ったのか。それは、端敬王后は燕山君の妻の姪《めい》であり、父親も燕山君の側近だったからだ。このように、端敬王后の親戚《しんせき》には燕山君と関係が深い人が多かった。それで、端敬王后は高官たちに敬遠されてしまったのだ。

しかし、中宗は国王なのだから、臣下が何を要求しても拒絶すればよかった。それなのに、中宗は気が弱すぎて、最後は端敬王后の廃妃に同意してしまった。こうして端敬王后は実家に帰された。

中宗はメソメソするばかりで、王宮の高い場所に立ち、端敬王后が住むあたりを見ては嘆いていた。その噂《うわさ》が都に広がり、端敬王后は住まいの裏の岩山にかつて自分がよく着ていた赤いチマ（スカート）を干した。「私はここで元気に暮らしています」と伝えることが目的だった。これは「赤いチマ岩の伝説」と呼ばれ、夫婦愛を示す美談になった。

でも、もとはといえば、中宗が夫としてだらしなかったので端敬王后は離縁させられた。要するに、「赤いチマ岩の伝説」は中宗がダメな国王だから起こってしまったのだ。

そんな彼は、燕山君の廃位にともなって王になった「棚からボタ餅《もち》」のような即位だったので、もともと王になるための帝王学を学んでいなかった。

それでも、自分なりに独自性を出そうとした。それで頼ったのが趙光祖《チョグァンジョ》だった。趙光祖は、真理の探求に精進する儒学者だった。そして、心の清らかさを尊び、誰よりも民の存在を尊重した。

その結果、燕山君を追放するクーデターを成功させた勲旧派たちと趙光祖は政治闘争を繰り広げることになった。

それでも、中宗は趙光祖に政治をまかせた。成果も出ていたのだが、中宗は次第に窮屈な思いを抱くようになった。趙光祖が求めるものがどんどん厳しくなっていったからだ。彼は徹底的な理想主義者で、中宗はついていけなくなってきたのだ。

そんなとき、趙光祖は中宗に直訴し、クーデターを成功させた成希顔《ソンヒアン》を厳しく糾弾《きゅうだん》した。

「成希顔たちが私腹を肥やしています」

さらに、趙光祖は強固に主張した。

「成希顔から権力を取りあげるべきです」

とはいえ、中宗は受け入れるわけにはいかなかった。

中宗は趙光祖の申し出を断ったが、以後も趙光祖は何度も嘆願《たんがん》してきた。

それでも、中宗は首を縦に振らなかった。

すると、趙光祖は辞職してしまった。中宗は復職を求めたのだが、趙光祖も頑固だった。

その時期を逃さず、勲旧派たちは巻き返しに出た。彼らは趙光祖の罪状をたくさん捏造《ねつぞう》した。

こうして、1519年に中宗は趙光祖を死罪にせざるを得なくなった。それ以後の中宗は失政が多かった。結局、中宗は歴史的には業績がない国王とみなされてしまった。

権力闘争のあおりで王宮から追放された「光海君」

14代王の宣祖《ソンジョ》には14人もの息子がいた。その中で、長男の臨海君《イメグン》と次男の光海君《クァンヘグン》が世継ぎ候補になっていた。

臨海君は分が悪かった。素行が悪く王の資質に欠けると見られていたからだ。しかも、文禄・慶長の役のときに豊臣軍の捕虜《ほりょ》になってしまい、解放されたあとは、その屈辱から酒浸りとなって何かと問題を起こしていた。

一方の光海君は、豊臣軍との戦いで王朝軍の一部を率いて指導者として活躍した。宣祖は光海君を世継ぎとして指名するつもりだった。

当時は中国の明に世継ぎが決まったことを報告し、その許可を得る必要があった。宣祖も1594年に明に使節を派遣したのだが、「長男を指名しない根拠が明確でない」という理由で、明は許可を出さなかった。

当時は豊臣軍との戦いで明も多くの援軍を派遣してきており、朝鮮王朝に対して強硬な態度を見せていた。

結果的に、世継ぎ問題は宙ぶらりんとなった。

1606年になると、さらに混迷した。

宣祖が後妻として迎えた正妃が永昌《ヨンチャン》大君を産んだのだ。宣祖にしてみれば待望の嫡男だ。実は、臨海君と光海君は側室が産んだ庶子だった。

しかし、喜びもつかのま、2年後には宣祖に死期が迫った。永昌大君はまだ2歳。宣祖としても光海君を世継ぎに指名せざるを得なかった。

1608年、光海君は15代王として即位した。彼を支持する一派は、王位の安泰のために血の粛清《しゅくせい》に乗り出した。臨海君を配流したうえで自決させ、永昌大君も殺してその母を幽閉した。

こうして光海君の王位は盤石になったと思われたが、結果は逆だった。血の粛清の過程で光海君は多くの政敵をつくることになってしまった。

とはいえ、当初の光海君は戦争で荒廃した国土の復興に尽くし、民生の安定に力を注いだ。

かなり〝善政〟を行なったと評価する向きもある。

ただ、光海君の臣下たちは宮中でやりたい放題にふるまい始め、収賄《しゅうわい》も平然と行なわれた。政治の腐敗によって辛《つら》い思いを強いられたのは庶民であり、彼らの恨《うら》みは光海君に向けられていった。

こうなると、兄弟たちを殺害した悪行が蒸し返され、光海君を王から引きずりおろそうとする動きが活発になった。

1623年、クーデターによって光海君は宮廷から追放された。

ただし、光海君は燕山君とはまるで違った。

光海君自身は乱行に及んでいない。しかし激しい派閥争いに巻き込まれ、暴政を仕向けられた側面があった。当時の歴史研究が進むうちに、光海君を見直す動きも起こっている。

史上最も屈辱を受けた王「仁祖」

1623年、光海君を追放して16代王となった仁祖《インジョ》は、最初から苦しい政権運営を強いられた。

内乱が起こって一時的に都から避難するという事態に陥ったし、ようやく内乱を収束させたと思ったら、今度は1627年に北方から女真族の侵入を受けた。

当時、女真族は後金という国をつくっていて、衰えていた明に取って代わろうとするほどの勢いをもっていた。

しかし、朝鮮王朝は明の意向だけを聞き、女真族を〝野蛮人《やばんじん》〟と軽蔑して後金を無視した。これに後金が怒り、3万の兵で攻めてきたのである。

仁祖は安全のために重臣たちと一緒に江華島《カンファド》（都・漢陽の西45キロにある島）に避難。武力で後金を制することができないと知ると、講和会議を通して後金の怒りを鎮めようとした。

結局、後金の言いなりになった。朝鮮王朝側は、明に肩入れせずに後金を支持することを約束させられたのだ。

しかし、表向きの講和条件を守らず、仁祖は引き続き明の意向に沿った行動を取った。後金は激怒し、1636年に国号を清と変えた後、12万の大軍で再び朝鮮半島に侵攻してきた。

仁祖は前回と同様に江華島に避難しようとしたが、すでに途中の道が清に押さえられていると知り、今度は漢江《ハンガン》の南側にあった南漢山城に1万3千人の兵と一緒に立てこもった。

だが、軍事力の違いは歴然としていた。

籠城《ろうじょう》中の仁祖は食べるものも少なく、固い床にむしろを敷いて寝なければならなかった。その間に、主戦派と講和派が激論を交わし、結論はまとまらなかった。

ふくれあがった清の軍勢は都で略奪と放火を繰り返し、国家は存亡の危機を迎えていた。

やむなく仁祖は降伏し、清の軍営まで出向き、皇帝の前で臣下の礼をとらされた。

それは、3回ひざまずき9回頭を地面にこすりつけるというもので、屈辱にまみれた謝罪だった。

誇り高き朝鮮王朝の王が、これほどぶざまな姿をさらしたことは、それまで一度もなかった。

降伏した側は本当にみじめだった。

明を攻める際の支援を約束させられたうえに、莫大な賠償金を取られ、数えきれないほどの民衆を捕虜として連れていかれ、仁祖の長男で世子（王の後継ぎ）だった昭顕《ソヒョン》とその弟の鳳林《ポンニム》が人質になった。昭顕と鳳林が清の軍勢に連れていかれるとき、仁祖は慟哭《どうこく》して息子たちとの別れを嘆いた。

悲しんでばかりはいられなかった。庶民が仁祖に怨《うら》みの言葉を投げつけてきたからだ。

「お上の連中は毎日酒浸りで、とうとう民を殺してしまった。一体、どこの誰の罪だというのか」

もはや仁祖を崇める人はいなかった。敵に屈伏して恥をさらした王は、民衆からも見放されていた。

一方、人質となった昭顕は、当時の清の首都であった瀋陽に連行された。まがりなりにも朝鮮王朝の次の王になる人物なので、清もそれなりに気をつかって待遇した。その中で、昭顕は朝鮮王朝と清の間で外交大使のような役割を果たした。

清は明を滅ぼしたあと、1645年にようやく昭顕を人質から解放した。久しぶりに漢陽に戻ってきた昭顕。さぞかし仁祖との間で感動の親子対面が行なわれると思われたのだが、仁祖は意外なほど冷たい素振りだった。それどころか、昭顕が人質時代のことを話すと不機嫌になり、硯《すずり》を息子の顔に投げつけた。かつての〝涙の別れ〟とはあまりの変わりようだった。

帰国から3か月ほどして昭顕は急に倒れて亡くなった。

彼の葬儀は、仁祖によって異様なほど冷遇された。仮にも世子であったのに、庶民と変わらぬような扱いだった。

しかも、次の世子を決めるとき、昭顕の長男を指名するのが原則なのに、仁祖は自分の次男（鳳林）を選んだ。そのうえで、昭顕を支持する勢力を一掃した。

あれほど長男との別れを惜しんでいたのに、仁祖はなぜ再会後に手のひらを返したのか。昭顕は人質になっている間に清にかぶれた、というのが大きな理由として考えられているのだが……。

今では、昭顕の急死は仁祖に毒殺されたもの、という説が有力になっている。

有能だったが女性遍歴で火種をつくった「粛宗」

朝鮮王朝の歴史を調べていて一番嫌になるのが、王の側近たちによる派閥争いだ。

これはもう病的といっていいほどで、どの代でも党派を組んだ高等官僚たちが陰湿なケンカを繰り返している。朝鮮王朝520年は「党派による権力闘争の歴史」といわれるゆえんだ。

この朝鮮王朝最大の悪癖が最も激しかったのが、第19代の粛宗《スクチョン》の時代だった。粛宗が弱冠13歳で即位したために、王の補佐役を自認する面々が主導権争いに血まなこになった結果なのだ。

彼は、第18代王の顕宗《ヒョンジョン》の一人息子だった。その当時、〝一人息子〟というのは珍しかった。王の場合は、側室をあちこちに抱えて子供を多くもうけるのが普通だったからだ。

しかし、顕宗の夫人は明聖《ミョンソン》王后・金《キム》氏だけだった。この夫人は、頭脳明晰《めいせき》ではあったが激情型で感情的にふるまうことが多かった。そういう資質は、母に溺愛《できあい》された粛宗も受け継いだ。

1674年に父の顕宗が亡くなり王位を継いだ粛宗。派閥闘争にヘタに巻き込まれると、王といえども命をねらわれる危険性がある。

その点で粛宗は賢かった。彼は10代のときはただ黙って神輿《みこし》に乗っているだけで、闘争に深入りしなかった。

そのうえで、成人してからは王権の強化に乗り出し、対立する党派を牽制しながら独自の政治哲学を実現させていった。

結果的に、粛宗の治世は46年も続いた。これは、21代王の英祖《ヨンジョ》の52年に次いで二番目の長さだ。

粛宗の功績は、社会を活性化させたことだ。農業地の整備と商業の奨励を行ない、生活水準の向上に尽くした。

特に、商業の発達を促したのは画期的なことだった。もともと儒教社会は商売というものを低く見る傾向が強く、商人は軽んじられた。しかし、粛宗は商業が発展しないと暮らしがよくならないと見抜き、そのために本格的な貨幣鋳造事業も行なった。先見の明があったといえる。

その一方で、王妃や側室の間で起こった争いをまったく収拾できず、宮中で無用な混乱を招いた。

同情すべき余地もある。粛宗の治世の後半は、激しい派閥闘争をなだめるだけで粛宗もヘトヘトになっており、女性から癒されたいという思いが強かったのだ。

そう好意的に解釈したとしても、女性遍歴が激しすぎた。父は生涯を通じて妻が一人だったのに、粛宗には合計で正妻だけで四人もいた。その中の一人は〝朝鮮王朝三大悪女〟にも入っている張禧嬪《チャンヒビン》である。粛宗が女性に対して優柔不断であったために、彼女の宮中での暴走を許す結果になった。

粛宗は1720年にこの世を去る。彼が政治的に残した功績は大きかったが、女性問題では何かと禍根《かこん》を残した。

息子を米びつで餓死させてしまった「英祖」

朝鮮王朝の21代王の英祖《ヨンジョ》は、数多くの時代劇で有名な俳優が演じている。最近では、人気俳優のチョン・イルが「ヘチ 王座への道」で若き日の英祖を演じて、評判がとてもよかった。

その英祖は82歳まで生きて、朝鮮王朝の27人の王の中で一番長寿だった。そんな丈夫な身体に産んでくれたのが、母の淑嬪《スクピン》・崔氏《チェシ》である。彼女はドラマ「トンイ」の主人公になった女性であり、1718年に亡くなっている。

そして、英祖の父の粛宗《スクチョン》は1720年に世を去った。それにともなって、張禧嬪《チャンヒビン》が産んだ息子が20代王・景宗《キョンジョン》として即位した。この景宗には子供がいなかった。そうなると、もしも景宗が亡くなれば、異母弟の英祖が即位する。それだけに、英祖も少なからず野望をもった。実際、景宗は即位して4年で亡くなり、英祖が王位を継いでいる。

このとき、王宮の中で大きな騒動が起こった。「英祖が兄を毒殺したのではないか」という疑惑が大きくなったのだ。英祖は悪い噂を必死に打ち消すが、反乱が起きてしまう。そのときの告発書の内容が過激だった。なんと、「英祖は粛宗の子供ではない」という内容だった。

なぜ、そんな告発状が出たのか。

実は、英祖は粛宗にまったく似ていなかった。「顔相」という顔の相を見る専門家が見ても英祖と粛宗の顔には共通点がなかった。そこまでいわれてしまったのだ。英祖は反乱を鎮圧して告発状の内容を打ち消すのだが、疑惑はかなり残った。

英祖は、淑嬪・崔氏の身分が低かったことに劣等感を感じていた。また、英祖が粛宗の正室から生まれた子ではないし、母親の出自に不明な点が多かった。

それなのに、粛宗の子供ではないという告発で反乱まで起きてしまった。英祖は疑惑をもたれたことを深刻に悩んでいたという。

真相は定かでないが、英祖の性格が偏屈だったのも、様々な疑惑が影響していたからかもしれない。

そして、英祖といえば、息子だった思悼世子《サドセジャ》との確執があまりに有名である。

もともと、思悼世子は10代前半のときから政治の一部をまかされるようになった。しかし、なにかと邪魔をしたのが最大派閥だった老論派の高官たちだ。

彼らは自分たちを批判した思悼世子を嫌っていて、思悼世子の悪評を英祖に告げ口するようになった。

思悼世子にも非があった。彼は頭脳明晰だったが、素行が悪く側近に暴力をふるったりしていた。老論派は思悼世子の行状を英祖に歪めて報告し続けた。

こうして、英祖と思悼世子の間に確執が生まれるようになった。

それでも、思悼世子自身も大いに反省し、1757年には反省文を提出した。思悼世子が22歳のときだった。

その反省文は「不肖《ふしょう》の息子の過ちです。今やようやく、自分の至らなさに気がつきました。心から後悔しています」という内容だった。

最初は思悼世子が反省文を書いたことを歓迎していたのに、猜疑心《さいぎしん》が強い英祖は、次第に思悼世子のことを疑うようになっていった。

「反省文といっても空虚な言葉を述べている」

そう感じるようになった英祖は、思悼世子の酒癖がとても悪いことに激怒するようになった。

英祖は思悼世子を呼び出して叱責《しっせき》した。しかし、その場で思悼世子は巧みに弁明することができなかった。

父親に対して恐怖心をもっていた思悼世子は、ビクビクして泣き崩れてしまった。その姿が情けなく思えて、思悼世子に対する英祖の信頼も大きく損なわれてしまった。

さらに、思悼世子が側室を殺すという事件も起こり、彼の立場は極度に悪くなっていった。こうなると、親子といえども、関係を修復するのは難しくなる。結局、1762年に思悼世子が英祖によって米びつに閉じ込められて餓死するという悲劇を迎えてしまった。

なぜ英祖は息子を最後まで信じることができなかったのか。やはり、猜疑心が強すぎたとしかいいようがない。

悲劇的に死んだ父の仇《かたき》を討った「正祖」

朝鮮王朝で最高の名君といわれているのは第4代の世宗。それでは、「世宗に次ぐ名君は?」と韓国で問えば、一番多く名前が挙がるのが22代王の正祖《チョンジョ》だろう。

韓国ドラマ「イ・サン」の主人公に取り上げられてからは、ますます正祖の評価が高まっている。

成し遂げた業績が確かにすばらしいのだが、それ以上に、困難な立場を克服して自らの夢をかなえた人生が、混迷する時代の模範になっている。

実際、父が祖父によって餓死させられるという悲劇にあっても、正祖は自らに課した忍従の生活から逃げ出さなかった。世子であるがゆえに対抗勢力から命を狙われる危険性もあったが、いつも服を着たまま寝るという用心深さで、決して隙《すき》を見せなかった。

そんな境遇に耐えながら、1776年、24歳のときに正祖は第22代王として即位した。この日をどれだけ待ったことか。

王位に就いた正祖が真っ先に行なったのは〝仇討ち〟だった。父の死に関係した党派を徹底的に排除し、新しい人材を集めて自分の側近に登用した。その後に様々な政治改革を行なったが、その中心的な場所になったのが奎章閣《キュジャンガク》だった。

ここは本来、歴代王の書や公文書などを保管する官庁なのだが、その規模を拡大して統治の拠点にした。

正祖はまた、父の名誉回復にも力を注いだ。〝荘祖〟という尊称が追加され、墓も格上げとなり、さらには、父の陵を風水思想を取り入れて水原《スウォン》（漢陽から南30キロの場所）に移した。

今では世界遺産に登録されている水原の華城《ファソン》は、父の墓が移ったことにともなって築城されたものだ。

父の墓には季節ごとに参拝した。

水原への行幸を記録した絵が今でも残っているが、1800人近い人物と800頭近い馬が描かれている。これだけの数が参加する行幸には、さぞかし莫大な経費がかかったことだろう。

また、行列が漢江を渡るときには、無数の船を集めて長い浮橋をつくった。このことは今も語り種《ぐさ》になっている。

正祖は亡き父を追慕するだけでなく、母もとても大切にした。正祖が今も韓国で絶大な尊敬を集めるのは、歴代王の中で一番親孝行だったことも大きい。

正祖の統治は1800年まで24年間に及んだ。その間、読書好きだった正祖の治世にふさわしく、幅広い知識に基づいた実学が栄えた。この場合の実学とは、人々の暮らしに役立つ学問という意味で、儒教的な理念とは一線を画すものである。

この頃、絵画をはじめ芸術分野で優れた作品が多く生まれ、文芸復興の機運が高まった。

しかし、正祖の統治が長くなると権力闘争が再び激しくなり、彼が重用した人たちの失脚が相次いだ。

そういう意味では、寂しい晩年になったのではないだろうか。正祖は1800年に48歳で亡くなった。

彼は、古き良き時代に君臨できた最後の王である。１８００年以降、世界が激動する中で、朝鮮半島は相変わらず党争に明け暮れて近代化が遅れた。

その結果、世界の大勢から取り残され、朝鮮半島は長く苦しい時代を歩まなければならなくなった。

歴代王を知るうえで韓国時代劇が役立つポイント

朝鮮王朝時代を取り上げた韓国時代劇は、朝鮮王朝の正史である「朝鮮王朝実録」を時代考証の史料として活用しているが、視聴者を楽しませるための常套手段として、創作的要素も大いに加えられている。

たとえば、「宮廷女官　チャングムの誓い」に頻繁に登場した11代王の中宗《チュンジョン》は、同ドラマでは二枚目俳優のイム・ホが演じて物分かりがいい王のイメージをふりまいていたが、実際に中宗の治世時代は高等官僚たちによる派閥闘争が非常に激しくて、何度も粛清《しゅくせい》の嵐が吹いている。中宗も政治的に挫折《ざせつ》することが多く、苦悩の日々ばかりだった。

そういう意味では、時代劇で描かれる王の人間模様はかならずしも実像と一致しないのだが、それでも時代劇は王の経歴をなぞってくれるので、歴史の基礎知識を増やすうえでは役に立つ。

それを前提にいうと、朝鮮王朝の成り立ちを知りたければぜひ「龍の涙」を見てほしい。このドラマは、朝鮮王朝を創設した初代王の太祖《テジョ》（李成桂）から3代王の太宗《テジョン》までの治世を描いていて、朝鮮王朝がどんな過程を経て体制が整っていったかがよくわかる。全159話で、日本では考えられないほど長いのだが、ストーリー自体が面白いので、苦もなく最後まで見続けることができるだろう。このドラマで太宗を演じたユ・ドングンは〝韓国時代劇の帝王〟ともいえる存在で、彼の重厚な演技を見ているだけで、往時の王の風格を肌で感じられる。

一方、王の心の内面にスポットを当ててその苦悩と業績を細かく描いたドラマが、58ページでも紹介した「大王世宗《セジョン》」である。4代王の世宗は朝鮮王朝最高の聖君といわれているので、このドラマでは制作前から誰が世宗を演じるかが最大の話題だった。

白羽の矢が立ったのはキム・サンギョン。映画「殺人の追憶」で知られるようになった中堅俳優だが、端正な顔だちと落ちついた物腰は、まさに〝聖君〟にふさわしい雰囲気があった。

「大王世宗」では三男でありながら兄たちをさしおいて王になっていく世宗の苦悩がよく

描かれていて、ただ崇めるだけだった聖君の人間くさい部分を知って余計に世宗を尊敬するようになったという視聴者が韓国では多かった。過去多くの実力俳優がこの朝鮮王朝の

歴代王を細かく描いた主な時代劇

作品名	回数	制作年度	主に描かれた王
「龍の涙」	159話	1996〜1998年	初代太祖〜3代太宗
「大王世宗」	86話	2008年	4代世宗
「王と私」	63話	2007〜2008年	9代成宗
「女人天下」	150話	2001〜2002年	11代中宗
「宮廷女官チャングムの誓い」	54話	2003〜2004年	11代中宗
「王の女」	42話	2003〜2004年	15代光海君
「張禧嬪」	100話	2002〜2003年	19代粛宗
「トンイ」	60話	2010年	19代粛宗
「イ・サン」	77話	2007〜2008年	22代正祖

王を演じたが、その中でもキム・サンギョンの起用は評価が高いキャスティングとなった。

朝鮮王朝のドロドロした権力闘争を見たい人には「女人天下」がお薦めだ。朝鮮王朝三大悪女の一人となっている鄭蘭貞《チョンナンジョン》が主人公で、国際映画祭で主演女優賞も獲得した超大物女優のカン・スヨンが演じて爆発的な人気を得た。

凄まじい出世欲をもつ女性たちが、どんな手段で熾烈《しれつ》な競争を勝ち抜いていこうとしたのか。宮廷に群がる人間の本性を細かく描き出した点では出色の出来だ。このドラマは中宗の治世時代が舞台だが、肝心の中宗は右往左往するばかりの冴《さ》えない王として登場する。「宮廷女官　チャングムの誓い」での描かれ方とは別人のようだが、この「女人天下」の中宗のほうが実像に近かったといわれている。

また、15代王の光海君《クァンヘグン》の先入観をくつがえした作品として注目されたのが「王の女」。光海君というと、クーデターで王位を追われた暴君というイメージが強かったのだが、同ドラマでは二枚目俳優のチソンが演じて、聡明な印象を醸しだしていた。

もともと光海君は、豊臣軍に攻められて国難に陥った朝鮮王朝の立て直しに力を発揮した経歴をもつ。兄や弟を追い落として王になった点や、側近たちの権力闘争に翻弄《ほんろう》されてしまった部分で評判が悪いのだが、政治的には有能だったという解釈も一方ではある。そういうプラス面にスポットを当てたという意味で、「王の女」は従来の歴史的通説に新しい光を当てたドラマとなった。

朝鮮王朝後期の王で頻繁にドラマに登場するのは19代王の粛宗《スクチョン》と22代王の正祖《チョンジョ》。前者の代表的ドラマは「トンイ」で、後者は「イ・サン」である。ともに〝韓国時代劇の巨匠〟といわれるイ・ビョンフン監督の作品で、韓国でも高い人気を誇った。

イ・ビョンフン監督がつくる時代劇は「宮廷女官　チャングムの誓い」もそうだが、王が人間味あふれる好人物として描かれる。実際には、歴代王は厳格な決断をして非情な面も強かったのだが、イ・ビョンフン監督のドラマの中では王も民衆の生活を心配する人情味あふれる性格が強調される。それがイ・ビョンフン監督の制作スタイルであることは確かだ。

朝鮮王朝が途絶えてから100年以上が経ち、韓国でも王朝に対するノスタルジアが高まっている。〝古きよき時代〟を懐かしむ気持ちの中に現れてくるのが歴代の王たちであり、時代劇人気がアップするのに比例して、韓国でも朝鮮王朝の王に親しみを感じる人たちが増えているのだ。

朝鮮王朝／歴代王の系統図

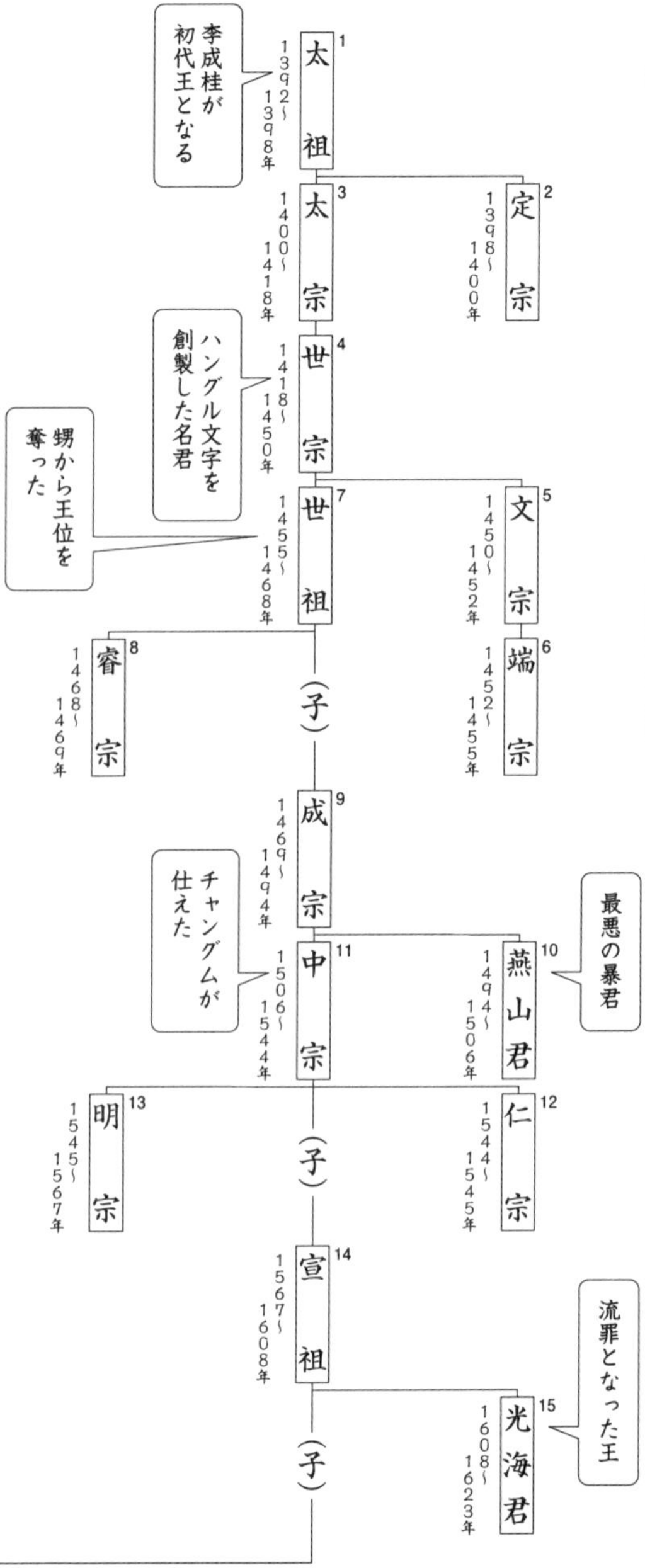

1 太祖 1392～1398年
李成桂が初代王となる
2 定宗 1398～1400年
3 太宗 1400～1418年
4 世宗 1418～1450年
ハングル文字を創製した名君
5 文宗 1450～1452年
6 端宗 1452～1455年
7 世祖 1455～1468年
甥から王位を奪った
8 睿宗 1468～1469年
（子）
9 成宗 1469～1494年
10 燕山君 1494～1506年
最悪の暴君
11 中宗 1506～1544年
チャングムが仕えた
12 仁宗 1544～1545年
13 明宗 1545～1567年
（子）
14 宣祖 1567～1608年
15 光海君 1608～1623年
流罪となった王
（子）

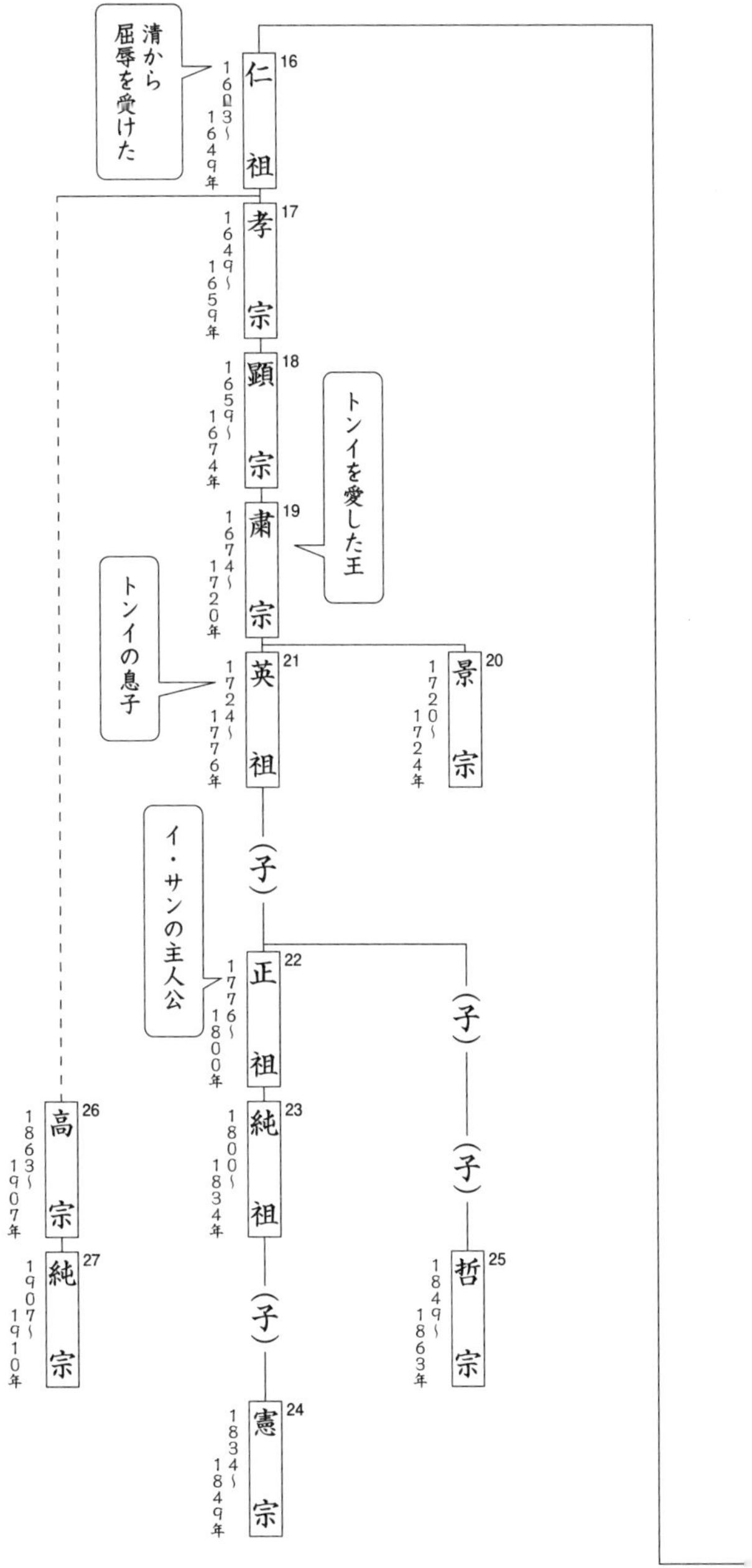
清から屈辱を受けた
16 仁祖 1623～1649年
17 孝宗 1649～1659年
18 顕宗 1659～1674年
トンイを愛した王
19 粛宗 1674～1720年
トンイの息子
21 英祖 1724～1776年
20 景宗 1720～1724年
(子)
イ・サンの主人公
22 正祖 1776～1800年
(子)
(子)
26 高宗 1863～1907年
23 純祖 1800～1834年
27 純宗 1907～1910年
(子)
25 哲宗 1849～1863年
24 憲宗 1834～1849年

※年数は在位期間です

朝鮮王朝なるほどQ&A（2）

Q. **王になれば何をやっても許されたのですか。**

A. 王は最高の絶対権力者でしたが、何をやっても許されたわけではありません。むしろ、朝鮮王朝では王権を牽制する制度がいくつもありました。それは、不適格な王が国を滅ぼすことを防ぐための手段でした。

まず、王には国教である儒教の理念を忠実に守ることが求められました。ここで大切なのは倫理感です。人倫にそむいた行為を起こした場合は、確固たる儒教理念をもった高等官僚たちが結束して王を追放しました。廃位となった10代王の燕山君《ヨンサングン》と15代王の光海君《クァンヘグン》も、儒教社会では不適格な王と見なされたわけです。それだけに、儒教的な名分を重んじる高等官僚たちを王は尊重せざるを得ませんでした。

また、朝鮮王朝には王に直言する側近が少なくありませんでした。彼らは、王の逆鱗《げきりん》に触れて命を失うこともありましたが、それでも王を諫《いさ》めようという使命感をもっていました。そういう側近の存在が王を正しい方向に導いた例が数多く残っています。

さらに、王は後世の審判を受けなければなりませんでした。宮廷には記録を担当する史官がいて、王の言動を逐次文書に残しました。史官の記録は極秘扱いとされ、王すら見ることができませんでした。自分の言動がどのように記録され、後の人々にどう評価されるのか。それを考えると、王といえども好き勝手なことはできなかったのです。

Q・王の後継ぎは基本的に長男が優先されたのでしょうか。

A・朝鮮王朝時代の王位継承は、嫡長子世襲制が大原則でした。つまり、現役の王の長男が王位継承の第一位だったのです。ところが、朝鮮王朝の27人の王の中で、実際に長男が即位した例は意外と少ないのです。具体的に見ていくと、王の長男が後継者となったのは、文宗《ムンジョン》、端宗《タンジョン》、燕山君《ヨンサングン》、仁宗《インジョン》、顕宗《ヒョンジョン》、粛宗《スクチョン》、純宗《スンジョン》の七人だけでした。この顔ぶれを見ると、不運の人が多かったといわざるを得ません。

文宗はわずか2年ちょっとの短い在位でしたし、端宗は叔父に王位を奪われています。燕山君は暴君として追放され、仁宗は朝鮮王朝の王の中で最も短い8か月の在位で終わりました。純宗の場合も、日韓併合によって廃位となり、朝鮮王朝の最後の王となってしまいました。どうも、朝鮮王朝では王の長男が後継ぎになると、いいことがあまりなかったようです。

Q・王の後継者はどのように教育されたのですか。

A.

王位の正統継承者は「世子《セジャ》」と呼ばれました。筆頭候補は王の長男ですが、健康面や能力を見て次男以下が選ばれることもありました。その最終決定者は現役の王であり、王は春の吉日を選んで世継ぎを決めました。

世子は未来の王ですから、宮廷内でも尊重されます。七章服（七つの紋様が刺繍《ししゅう》されている世子の正服）を着て、自分の官僚と護衛兵を率いることができました。

世子は春夏秋冬の最初の季節がふさわしい存在と見なされ、「春宮」と呼ばれました。また、春は方角的に東にあたるので「東宮」とも称されました。実際、宮廷内では東側に世子の住まいがありました。

世子を補佐する官僚たちは「東宮官」と呼ばれましたが、みんな科挙に合格した高等官僚です。特に、家門がいい人たちが選ばれています。こうした優秀な高等官僚が、世子に対して国政の課題をきちんと教え、いつ王になってもすぐに最高の指導者になれるように補佐しました。

また、世子になると、早いうちに結婚をするのが通例でした。庶民の場合は、10代後半に結婚する例が多かったのですが、世子は庶民よりも婚礼を早く行ないました。世子に指名されること自体が大人になったという証ですし、早く自分の後継者を誕生させることが求められました。

第3章

わかりやすく読み解く
朝鮮王朝の暮らしと制度

朝鮮王朝の都は風水の最適地に建設された

韓国の首都として世界に冠たる大都市となったソウル。エネルギッシュな街の活気に惹《ひ》かれて日本から訪れる人も多いが、このソウルが朝鮮半島の中心地となったのは朝鮮王朝が始まってからだ。

1392年に初代王となった李成桂《イソンゲ》は、王朝の永続を願って精気に満ちた場所に都をつくりたいと考えた。

特に彼は風水思想の信奉者で、力強い「気」があふれた土地を探した。その条件は「背山臨水」である。後ろに峻険《しゅんけん》な山があって前に雄大な川が流れている土地が望むべき立地だった。

そして、李成桂が信頼できる風水師と相談した結果、最も適地と認定されたのが今のソウルである。

当時は漢陽《ハニャン》といった。

漢陽の北側に峻険な山が連なり、前には漢江《ハンガン》という大河があった。朝鮮半島の中央部に位置しながら、これほど風水で吉とされる土地（「龍脈」と称された）は他になかった。

その龍脈の中心地は「穴《けつ》」と呼ばれるが、「穴」に王宮を建てれば、周囲の山から「気」をたっぷり受けられるというのが当時の考え方だった。

実際、漢陽は北に北岳山《プガク》、南に南山《ナム》、東に駱山《ナク》、西に仁旺山《イナン》があり、さらに南には漢江という大河が流れていて、生活と防御の両面で首都にふさわしかった。

確信をもって李成桂は1394年に都を漢陽に開くことにした。

朝鮮王朝の前の高麗王朝は首都が開城《ケソン》で、漢陽はその開城から南東60キロのところにあった。

ただし、王宮を築くときに側近の間で激しい論争があった。特に対立したのが、仏教僧侶の無学《ムハク》大師と儒学者の鄭道伝《チョンドジョン》だった。二人とも李成桂が特別に信頼する側近だった。

無学大師は、南側に災いをもたらす山があるので、それを避けるためにも王宮を東向きにしなければならないと力説した。一方の鄭道伝は、王朝を長く続けるためには王が南側に向かって政務を行なうことが理にかなっていると主張し、北側の北岳山を背にして王宮を建設すべきだと提案した。

王宮は東向きがいいのか、南向きがいいのか。双方の主張は真っ向から対立し、朝鮮王朝は最初から大混乱に陥った。

最終的には、李成桂が自ら決断を下さなければならない。彼も大いに迷ったが、結局は鄭道伝の意見を採用した。こうして、正門を南向きにして建設されたのが景福宮《キョンボックン》である。工事は1395年から始められ、最終的には約12万6300坪の敷地に200棟以上の建物が並ぶ豪華絢爛《けんらん》な王宮となった。

李成桂が鄭道伝の意見を取り入れたのは正解だった。なにしろ、朝鮮王朝は約520年も続いたのだから……。これほどの長期王朝になるとは、当の李成桂も予想していなかっただろう。

都の整備で重要なのが城郭の建設である。漢陽の場合は、東西南北にある四つの主要な山の頂上を結ぶような形で城郭が築かれていった。

そのうえで、主要な出入口として四つの方角に東大門、南大門、西大門、北大門の四大門がつくられた（ちなみに、現代韓国で南大門は国宝第1号としてソウルの象徴的な存在だったが、2008年に放火によって焼失してしまった。このニュースは日本でも大々的に報道されたので、記憶している人も多いだろう）。

城郭の南側に大河の漢江が流れているというのも絶好の立地条件だった。漢陽は内陸部にあって海に面していないが、漢江の岸辺に港が築かれ、そこが海運の拠点になった。

また、城郭の中には川幅が狭い清渓川《チョンゲチョン》が流れており、都の人々の生活を支えた。この川は1970年代以降に暗渠《あんきょ》になってその上を高架道路が建設されたが、ソウルの

朝鮮王朝時代から庶民の生活を支えた清渓川は再開発で清流に生まれ変わった

再開発事業の目玉として2003年にその道路が撤去された。清渓川は再び清流として整備されるようになったのだ。

この再開発事業を推進したのが、ソウル市長時代の李明博《イミョンバク》だった。彼は清渓川を甦《よみがえ》らせた立役者となり、政治家としての人気が上がった。その後、彼は大統領にまでのぼりつめるが、〝清渓川のおかげ〟といわれることも多かった。

朝鮮王朝時代に話を戻すと、清渓川は都の住民のすみ分けの境界線でもあった。この川の北側に上流階級が住み、南側は庶民が暮らして賑わった。

その名残が今も濃厚にあって、明《ミョン》

洞《ドン》などの繁華街は清渓川の南側に位置している。

なぜ多くの王宮が必要だったのか？

ソウル観光の楽しみのひとつに王宮めぐりがある。

本来、朝鮮王朝の正宮は景福宮なのだが、歴代王がいくつかの離宮をつくり、それが正宮として機能した時代も多かった。それらが昌徳宮《チャンドックン》、昌慶宮《チャンギョングン》、徳寿宮《トクスグン》である。

順に、由来を見ていこう。

朝鮮王朝が始まった当初の王宮だった景福宮。北岳山南麓《なんろく》の広大な敷地で工事が始まったのは1395年からだ。

主な建物を見ていくと、即位式を初め王朝の公式行事が執り行なわれた勤政殿《クンジョンジョン》、歴代王の居間となっていた思政殿《サジョンジョン》、王の寝殿だった康寧殿《カンニョンジョン》、外国使節の迎賓館として使われた慶会楼《キョンフェル》などが有名だ。特に、慶会楼は遠くから眺めると水に浮かんでいるように見え、水面に映る影は絵のように美しい。

こうした建物の数々を見ていくと、朝鮮王朝時代の正宮がどんなに華麗であったのかが

景福宮の康寧殿は王の寝殿として使われた

うかがえる。

ただ、それに飽き足らず、景福宮の他にも王宮がつくられていった。

李成桂の五男の芳遠《バンウォン》が1400年に第3代王の太宗《テジョン》になると、彼は自らの権勢を誇示するために大規模工事を行ないたいと考えた。その象徴として1405年に建設されたのが離宮の昌徳宮である。

現在、古宮の中で歴史的な建築物が一番保存されており、今も残る敦化門《トンファムン》は1608年に再建されたものだといわれている。

昌徳宮の東側には昌慶宮がある。建てたのは、太宗の三男の忠寧《チュンニョン》だ。彼は1418年に即位して世宗《セジョン》となったが、三男である自分を王にまで引き上げてくれた父に心から感謝して父を祀る離宮を建てたのである。

王は権勢を誇示したかったのだろうが、建設に駆り出される人々の苦労は並大抵ではなかった。

今なら財政赤字の元凶となる事業であったことだろう。

さらに離宮をつくったのが1469年に第9代王として即位した成宗《ソンジョン》だ。彼はわずか12歳で王になったが、実は3歳上に兄の月山《ウォルサン》がいた。

本来は兄が王になるところなのに、外戚たちが権力奪取劇を繰り返した挙げ句に、弟が漁夫の利を得た。兄をさしおいてしまったことを申し訳ないと思ったのか、成宗は兄のために離宮のような私邸をつくった。

それが、今もソウル市庁舎の真ん前に残る徳寿宮だ。

このように、景福宮の他に昌徳宮、昌慶宮、徳寿宮がつくられていったのだが、王によっては自分の好みで離宮を正宮に格上げして使ったりしていた。

ただし、景福宮と昌徳宮は1592年から始まった壬辰倭乱《イムジンウェラン》（日本でいう文禄《ぶんろく》の役）で燃え尽きてしまった。そんなことも影響し、1608年に行なわれた15代王の光海君《クァンヘグン》の即位式は、徳寿宮を会場とした。彼は最後に王位を追われて流罪になったが、徳寿宮で即位式を行なうという異例の出来事が、その後の哀れな末路のきっかけになったのかもしれない。

正宮が徳寿宮から昌徳宮に替わったのは、16代王の仁祖《インジョ》（在位は1623～1649年）の頃からだ。先の戦乱で焼失してしまった建物の復旧工事が終わり、正宮として再建された。

なかでも、仁政殿《インジョンジョン》（王が執務を行なった建物）は、伝統的な建築様式を誇っていることでよく知られている。

また、昌徳宮の中にある秘苑《ピウォン》は、神秘的な風情を見せる朝鮮風の庭園として有名である。今もここを訪れると、喧騒《けんそう》のソウルにいるとは思えないほど静かな気持ちになる。

19世紀に入ると、朝鮮王朝は近代化が遅れて国内が混乱した。王権の強化を目的に1865年に再整備されたのが景福宮だった。

景福宮は壬辰倭乱で主要建物が焼失してからずっと放置されたままだったが、ようやく再建され、正宮として輝きを取り戻した。そして、今も王朝絵巻を伝える華麗な王宮として、多くの観光客を集めている。

宮廷料理が現在の韓国料理の原型だった

東京の新大久保は、今の日本で最もエネルギッシュな街だ。韓国ドラマやK-POPの人気に支えられて、平日でも休日でも大勢の人たちが集まってきて、数多い韓国食堂のどこにも行列ができている。

そういう光景を見ていると、日本の人たちは本当に韓国料理が好きなんだと思う。キムチ、ピビンバ、チヂミなどが日本の食卓にすっかり定着したのもうなずける。そうした韓国料理の原型となったのが、朝鮮王朝時代の宮廷料理である。

王が食べる料理だけに、朝鮮半島全土から集められた献上品を使ってつくられ、専門の女官と招聘《しょうへい》された一流の男性料理人が腕をふるった。「宮廷女官　チャングムの誓い」を見ると、料理をつくるのは女性ばかりだったが、実際には料理に精通した男たちも厨房《ちゅうぼう》で包丁さばきを見せていた。

なにしろ、つくる料理の量がすごかった。それもそのはずで、王族の人たちは食欲が旺盛《おうせい》。王や王妃は1日に5回食事をしたという。起床時の軽食、朝食、昼食、夕食、夜食という順番である。

王が食べる時には三人の毒味用の女官が付いていた。複数の人間を用意するほど、王は毒殺されることを警戒していた。そのことは、王宮内での権力闘争がいかに激しかったかを物語っている。

料理を盛りつける食器は、季節によって使い分けていた。夏には磁器の食器を用い、冬には銀製の食器を使った。ただ、スプーンと箸《はし》は季節にかかわらず銀のものだった。銀は毒に触れると変色する性質があり、毒の有無を確認するうえでも銀のスプーンと箸が効果的だった。

具体的に、食事の中身を見てみよう。

朝食と夕食が最も重要な食事で、おかずは汁のある煮物、鍋物、沈菜《チムチェ》（キムチの原型の漬物）が定番で、さらに12種類も用意された。

その12種類とは、肉や魚の焼き物、チヂミ、肉類の蒸し物、熟菜（野菜類を茹《ゆ》でてつくるナムル）、生菜（生野菜でつくるナムル）、煮込み、漬物、魚介類の塩辛、干し魚、海《の》苔《り》、刺し身、半熟卵である。さらに、スンニュン（おこげに湯を加えてお茶漬けのようにしたもの）もよく加えられた。

ご飯は白飯と赤飯のふたつで、ワカメスープとコムタン（牛の肉と内臓を長時間煮たスープ）も度々食卓を飾った。もちろん、すべてを食べきれるわけがない。少し箸をつけるだけの場合も多かった。

朝起きてすぐに寝床で食べたのはお粥《かゆ》や重湯など。乾き物のおかずが2、3種類出て、他に塩、蜂蜜《はちみつ》、味噌《みそ》、漬物などが用意された。

昼食はごく簡単に済ませた。といっても、夕食と比べて〝簡単〟という意味で、庶民から見れば信じられない種類と量だった。温麺、冷麺、雑煮、餃子《ぎょうざ》、肉の蒸し物、刺し身、チヂミなど……。

夜食時に食卓に並ぶのは、麺、薬食、シッケ（甘酒のようなもの）、ウユジュク（牛乳のお粥）などであった。

歴代の王はよく口内炎に悩まされたというが、原因は間違いなく食べすぎ。これほど料理を出されては、ときにはウンザリだろう。

でも、特選料理となると話は別だ。

特に、歴代の王に愛されたのが鍋料理の神仙炉《シンソルロ》である。食材は、牛肉、大根、しいたけ、胡桃《くるみ》、銀杏《ぎんなん》、松の実など。こうした具材を、炭が入った筒状の突起をもつ鍋に順に並べていき、熱い汁を入れて食べた。その上品な味と食べ方はいかにも宮廷料理という感じだ。

他にも、歴代の王がよく食べた料理を挙げてみよう。

生《い》きた鯉《こい》と雛鳥《ひなどり》でつくる最高の保養食といわれたのが「ヨンボンタン」。スタミナ料理

宮廷料理の中で特に人気があるのが神仙炉

としても有名で、これを食べると90歳の老人も子を得るという説があったほど。

次に「いちじくの花袋」。いちじくの実をいくつかの野菜と混ぜてマンドゥ（餃子）にする料理で、見た目が花のように美しいので花袋と呼ばれるようになった。いちじくの実は血圧降下、滋養強壮、便秘解消に効果があるとされていたので、宮廷料理でもよく使われた。

さらに「ケチム」。これは、カニの煮物という意味。カニはおいしいばかりでなく、必須アミノ酸が多くて成長期の子供によいとされた。世継ぎ候補はいつもケチムをたっぷり食べさせられたことだろう。

こうした料理が発展して今の韓国料理の重要なメニューにつながっている。いわば、食事を通して往時の王様気分を味わえるというわけだ。

女官の最大の野望は王の側室になること

「宮廷女官　チャングムの誓い」や「イ・サン」を見て、宮中にいる女官に興味をもった人も多いことだろう。朝鮮王朝では日本の「大奥」に該当する部署を「内命婦《ネミョンブ》」といった。

この内命婦は職種によって所属が分かれていた。

具体的に例を挙げると、国王と王妃が住む寝殿などの整備、王の衣服や布団の製作、宮中で使われる装飾物に入れる刺繍《ししゅう》の管理、洗濯と衣服の手入れ、飲料水やお菓子の用意、酒の醸造、国王や王妃の洗面水や浴槽水の処理、食事の調理といった業務があり、それぞれの担当者ごとに組織が構成されていた。

各組織で実際の業務に当たるのが内人《ネイン》で、管理職として仕切っていたのが尚宮《サングン》だった。このあたりの様子は「宮廷女官　チャングムの誓い」にもよく描かれていた。

本来、女官は幼い頃から宮中に入って修業をする。能力がないと見なされると宮中から出されるので、脱落しないで生き残るのも大変だった。そうやって努力した末、18歳頃に内人に任命されることが多かった。まだ若いが、それでも10数年の経験を経ている場合がほとんどだった。

内人になると上司の尚宮から離れて何人かで一部屋を使うことを許された。その際、同居する女官同士で同性愛になる場合も多かったとか。一生ずっと男子禁制の世界だけに、対象を同性に求めざるを得なかったのだろう。

内人から尚宮になるまでにはおよそ15年くらい要した。尚宮になると、すでに30代なかば。もう宮中で30年近く過ごしていることになる。それでも、出世を望む女官は、あらゆる手を使ってでも上司に取り入ろうとした。

ちなみに、女官の身分を表す官位には、最上位の「一品」から最も下の「九品」までは9種類もあり、それぞれに「正」と「従」があった。「正」のほうが、序列が上に当たる。つまり合計すると、女官は18ランクに分けられており、王に直接仕えることができるのは「従四品」までだった。「尚宮」は「正五品」でじかには王に会えなかった。

究極的にいえば、女官の最大の野望は王と関係を結ぶことだった。王から寵愛《ちょうあい》されれば、最高の待遇と権力を得ることができる。

とはいっても、内命婦には500人以上もの女官がいるだけに、その中でひときわ目立つのは並大抵ではなかった。

現実的には、ほとんどの女官は外部と遮断されたまま宮中で年老いていった。そして、病気になれば宮中から追い出された。

晩年はさぞかし寂しかったことだろう。

国教が仏教から儒教にガラリと変わった

高麗王朝と朝鮮王朝。このふたつの王朝で大いに違ったのは、仏教が崇拝の対象から排《はい》斥《せき》の対象に転落したということだ。

仏教が国教だった高麗王朝では、寺院が私有財産を増やして国内統治が混乱した。それが国家衰退の原因のひとつになったと考えた朝鮮王朝は、仏教より儒教を重んじる体制をつくりあげようとした。その際に主導的に動いたのが、李成桂の側近だった鄭道伝《チョンドジョン》だった。

彼は、儒教（特に朱子学）に精通した優秀な人物たちが王道の政治を行なうことを朝鮮王朝の基本にしたかった。

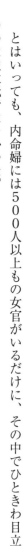

それは李成桂の意図に沿ったものだったが、その五男であった芳遠《バンウォン》は、彼の異母弟（李成桂の八男の芳碩《バンソク》）を後継者として支持する鄭道伝を敵視した。

結局、芳遠はクーデターを起こして、鄭道伝や芳碩を殺害し、第3代王の太宗《テジョン》になった。しかし、彼も儒教を国教にする考えをもっており、儒教重視の政策が次々に採用されるようになった。

儒教の教えを朝鮮半島の隅々まで伝えるためには教育が欠かせない。そこで、朝鮮王朝は地方に儒教を学ぶ学校（郷校《ヒャンギョ》）を数多くつくり、中央の最高学府として成均館《ソンギュングァン》を整備した。加えて、科挙の試験問題は儒教の知識を問うものばかりとなり、儒教の素養が合格に必須となった。こうなると、栄達を望む人はこぞって儒教信奉者にならざるを得なかった。

食生活もガラリと変わった。食肉の習慣は高麗王朝時代まで朝鮮半島で根づかなかった。それは、仏教が殺生《せっしょう》を禁じていたからである。

しかし、国教が儒教になり、人々の意識にも変化が起こった。もともと、14世紀に蒙古の支配下に入ったときに朝鮮半島にも食肉の習慣が伝えられており、それが儒教社会となって一気に浸透した。

特に、祭祀のお供えとした肉料理をみんなで一緒に食べる風習が各地に広まり、肉は韓国料理でも中心をなす食材となった。

社会規範にも変化があった。親孝行や長幼の序が重視されるようになり、序列を重んじる儒教の影響もあって身分制度がより厳格になった。

逆に、朝鮮王朝時代の仏教は散々な目にあった。仏教寺院は町中から追放され、山中に隠遁《いんとん》して生き残るしかすべがなかった。

韓国では今も都市部には仏教寺院がほとんどなく、大半が山中にあるのは、朝鮮王朝時代に排斥《はいせき》された名残である。

仏教の没落は、朝鮮半島の伝統的な茶の習慣も変えた。高麗王朝時代、茶畑の多くは仏教寺院の所有で、それが各寺を潤していた。

一転して、朝鮮王朝は何をしたか。

仏教を衰退させるために、茶に重税をかけたのだ。このため茶が高価になり、飲む人が激減した。

結局、緑茶を飲む習慣がすたれてしまった。ただし、果物や生姜《しょうが》を使った茶は重税の対象外になっていた。

今の韓国で緑茶を飲む人が少なく柚子《ゆず》茶や生姜《しょうが》茶が好まれるのも、過去の経緯が関係しているのだ。

しかし、朝鮮王朝時代に政治的に排斥された仏教も、庶民の間では根強く信仰を集めていた。

それは現代の韓国でも変わらない。今でも仏教の信者が多く、お釈迦《しゃか》様の誕生日（4月8日）は祝日になっている。ただし、新暦でなく〝旧暦の4月8日〟で祝うので、今の暦では5月中旬くらいになる。

「なんでも儒教」だからこんな社会になった

儒教が社会に与えた影響を考えるとき、かつての徳川幕府と朝鮮王朝を比較してみると、とても興味深い。

両国とも儒教を生活規範の基本として制度に組み込んできたが、階層によって受け入れられる度合に温度差があった。

何よりも、徳川幕府は儒教を政治的に活用した。

たとえば徳川家康は、始まったばかりの幕府が安定するためには戦国以来の殺伐《さつばつ》とした世相を転換することが必要だと考え、教学振興としての儒教に目をつけた。官学に採用したのもそれが理由だ。

同時に、格式や序列を非常に重くみる儒教は、徳川幕府が進めようとしていた武士を中心とした社会とその身分制度（士農工商）の確立に都合がよかった。

現実に、儒教は江戸時代の支配階級の間で重んじられた。しかし、地方の人々には限定的に教えが伝えられただけだった。各藩にそこまでは強制できないという意味では、それが幕藩体制の限界だったともいえるだろう。

一方、朝鮮半島では支配階級から被支配階級に至るまで、儒教が広く浸透した。国王と高等官僚が統治した朝鮮半島では、中央集権と身分制度を円滑に進めるために、儒教思想がもつ「孝」と「忠」を徹底的に広める必要があったのだ。

結果的に、儒教は社会規範の基本として、人々の生活信条に濃厚に影響するようになっていった。

先祖を崇拝し、親孝行を尽くし、年長者を敬う今の韓国社会。ソウルの地下鉄に乗ったことがある人ならば、車両のあちらこちらで高齢者に席を譲る若者たちの姿を見かけるだろう。

韓国における敬老精神の表れは、この国が儒教の国であることを改めて思い知らせてくれる。

ただ、その弊害が指摘されることもある。たとえば、男尊女卑によって女性の社会進出が極端に遅れたことは明らかだ。

あるいは、あまりに祭祀が多すぎて時間と経費が非常にかかり、各家庭の家計を圧迫してきた。

それが積もりに積もって国家の財政をも苦しめた。その改革に積極的に乗り出したのが、1970年代の朴正熙《パクチョンヒ》大統領だった。

1961年に軍事クーデターを起こして以後、1979年に部下に暗殺されるまで韓国の政権を掌握していた朴正熙。「ボク・セイキ」という呼び方のほうが馴染《なじ》みのある読者も多いだろうが、彼について日本では「民主化を弾圧した軍事独裁者」という印象が強いのでは……。

しかし、現在の韓国で朴正熙の評価は非常に高い。「1945年の解放後、韓国で最も偉大な人物は?」というアンケートでは、かならず堂々の1位になる。韓国の経済成長を実現させた最高の功労者という評判を得ているのだ。

その朴正熙が民政上で行なった重要な政策のひとつが、1970年代前半から始まった「セマウル運動」だった。

「セ」は「新しい」で、「マウル」は「村」。直訳すると「新しい村運動」なのだが、この主旨のひとつは、朝鮮王朝時代から残る奢侈《しゃし》な冠婚葬祭を簡略化して、その経費を経済発展に向けようというものだった。

たとえば「葬」。韓国社会では朝鮮王朝時代の儒教至上主義が現代まで残り、両親が亡くなったときは遺族も2年間完全に喪に服すのが一般的だった。また、当時は先祖に対する祭祀が1年のうちに頻繁に行なわれていた。これでは経済が停滞する一方だというわけで、朴正熙は朝鮮王朝時代の風習を改善して経済優先の生活に切り換えることを全国民に徹底させた。

1970年代後半から始まる韓国の経済成長も、この「セマウル運動」を抜きにしては語れない。その結果、韓国社会はようやく朝鮮王朝時代の古い呪縛《じゅばく》から解放されたともいえる。この点でも朴正熙の評価は高いものとなっている。

両班を中心とする厳しい身分制度があった

儒教は、序列を肯定する。人に差をつけることを否としないのだ。「人権」の意識がない時代の思想だから、それは仕方がない。

その儒教が国教となっていた朝鮮王朝時代。厳然たる身分制度があり、人は生まれながらにして不平等だった。

恩恵を受けたのは両班《ヤンバン》階級の人たちだ。両班というのは、文官を意味する〝東班〟と、武官を意味する〝西班〟を合わせた呼称だ。

わかりやすくいえば、貴族に該当する支配階級である。役人となった両班は高等官僚として中央集権国家の担い手になっていたし、地方に在住する両班は有力な地主として庶民を統治した。

彼らの上に立つ身分は王族しかいなかった。王とその家族は国の絶対権力者として君臨した。

ただし、王族を行政的に操っていたのは両班であり、朝鮮王朝時代は両班を中心とした社会であったとさえいえる。

ただ、両班という地位は世襲だが、科挙に合格しないと官職を得られなかった。それゆえ、両班に生まれた子供は、幼いころから高度な教育をたっぷり受けて科挙の合格を必死にめざした。

同時に、庶民が知らない漢字を操り、詩をつくり、書を習った。まさに、学問と文化に親しむ生活に浸ったのだ。

特に大事だったのは、一族の繁栄を末永く保つこと。そのためにも、両班は婚姻を通じて貴族階級同士の縁戚関係を強めていった。こうなると、典型的な既得権益者だ。その役得は代々の血縁を強めて子孫に受け継がれていった。

彼らに支配される側の身分を見ると、上から中人《チュンイン》、常民《サンミン》、賤民《チョンミン》となっている。

中人は、両班の下で実務を担当する人たち。下級官僚が該当する。職能を発揮することで経済的には安定した生活を確保できるが、政治的には権力をもっていない。「宮廷女官　チャングムの誓い」の登場人物たちを例にすると、尚宮と呼ばれる役職の人たちがこの中人に該当する。

中人の下は常民。これは一般庶民のことで、人口のうえでは一番多かった。農業、商業、手工業に従事する人たちがほとんどで、毎日仕事に追われ、教育を受ける機会はない。それでいて重い税を課せられるので生活は大変だった。

身分制度の中で最も下に位置する人たちが賤民。大部分は奴婢《ぬひ》で、所有者の意図に沿って売買されるのが常だった。生まれながらにして過酷な運命にあったのだ。結婚して家庭をもつことはできたが、どんな仕事に就くかを自分では決められなかった。厳しさに耐えかねて逃亡する人もいて、その生活は悲惨だった。

朝鮮通信使を通して日本と正式な外交を結ぶ

江戸時代の外交政策というと、とかく「鎖国」ばかりが強調される。事実、徳川幕府は日本人の海外渡航を禁止し、貿易面でも長崎と対馬《つしま》において細々とした制限貿易が行なわれただけであった。

しかし、「鎖国」と言い切るのは誤りで、朝鮮王朝とは正式な外交関係を結んでいた。その使節団として合計12回にわたって来日したのが朝鮮通信使だった。

ただし、「通信」という漢字から郵便使節と勘違いする人もいるようだ。この「通信」とは、「信《まこと》を通じる」という意味をもっていて、「通信使」は「外交使節」と同義なのである。

江戸時代の朝鮮通信使が最初に来たのは１６０７年。２００７年がちょうど４００周年にあたっていて、韓国や日本の各地で記念行事が行なわれたので、その話題から朝鮮通信使の存在は日本でもいくらか知られるようになった。

彼らが日本に来るようになった経緯は、どのようなものであったのか。

実は、朝鮮通信使が１６０７年に初来日したのは、豊臣政権時代の文禄・慶長の役で険悪となった両国関係を修復することが目的だった。そのときを含めて最初の3回は、正式に「回答兼刷還使《さっかんし》」と呼ばれた。この中の「回答」と「刷還」に意味があった。

具体的には、朝鮮王朝と外交関係を結びたがった徳川幕府からの来日要請に応えるということで「回答」を使っており、同時に、文禄・慶長の役で日本に連れてこられた人々を連れて帰るということで「刷還」も兼ねた。

第4回目以降は、泰平祝賀、将軍家の嫡男《ちゃくなん》誕生祝賀、将軍の襲職《しゅうしょく》祝賀などを名目として朝鮮通信使は来日している。いわば、平和の使節という役割をもっていたのだ。

朝鮮通信使の一行は、大変な規模を誇っていた。正使、副使、従事官を正式な三使としており、随行する人の数は400人から500人にのぼった。その中には、通訳、書記官、武官、医師、儒者、絵師、楽隊なども含まれていて、朝鮮通信使は外交使節であると同時に文化使節としての役目も担っていた。

道中の経路を見てみよう。

漢陽から陸路で釜山《プサン》に至った一行は、船で対馬、壱岐《いき》、瀬戸内海を経由して大阪（当時は大坂）に上陸。淀川を利用して京都にのぼってからは、陸路を江戸まで向かった。

日本の道中では警護・接待はすべて沿道の各藩が担当し、その饗応《きょうおう》のために莫大《ばくだい》な経費を費やした。

各藩の財政事情をかなり悪化させたはずなのだが、それでもどの藩も過剰なほどの接待に徹した。面目を保つために、そうせざるを得なかったのだ。

日本の庶民にとっても、朝鮮通信使の来日は楽しみだった。異国の風俗に触れる大きな機会なので、一行が通る沿道にはいつも大勢の見物客が集まった。

また、日本の文人たちも積極的に通信使の宿舎に行き、書画を揮毫《きごう》してもらったり、筆談で語り合ったりした。

これほど朝鮮通信使は日本で歓迎されたのに、朝鮮王朝は返礼でやってくる幕府の使節団を異様に警戒した。なにしろ、日本から行っても使節団は常に釜山に留め置かれて、漢陽に行くことを遠慮させられた。

なぜ、両国で対応が違ったのか。

実は、豊臣軍が文禄・慶長の役で都に向かった経路は、室町時代に日本からの使節が通った道と同じだった。朝鮮王朝は二度と同じ轍《てつ》を踏みたくなかった。日本側が朝鮮半島の地形に詳しくなることを恐れ、釜山で使節に応対したのである。

外交は相互の対等な使節交換が原則なのに、朝鮮王朝側の対応はそうではなかった。文禄・慶長の役によほど懲りたのだろう。

観光で大人気の済州島もかつて過酷な流刑地だった

国際リゾート地として、韓国随一の観光地になっている済州島《チェジュド》。韓国ドラマのロケ地としても数多く登場するので、日本でも知名度が大いに上がり、興味を持って出かけていく人も増えている。

済州島は風光明媚《めいび》で海の幸に恵まれている。観光で行けば気分は天国なのだが、実はこの島は朝鮮王朝時代に誰もが恐れた流刑地だった。「宮廷女官　チャングムの誓い」でも、チャングムが濡《ぬ》れ衣を着せられて、済州島に島流しにあっていた。

彼女はここで医術を学んで、再び宮廷に戻ることができたのだが、チャングムのような例はめったにない。一度済州島に流されると、誰もが二度と戻れないことを覚悟しなければならなかった。

朝鮮王朝の場合、罪の重さによって流配地を決めていた。わかりやすくいえば、罪が重いほど、都から遠い場所に流されたのである。

朝鮮半島の西南部には離島が数多くあり、そういう場所も流刑地ではあったが、そのなかでも済州島が一番遠島だった。

恋北亭は、済州島に流された高等官僚が都を偲ぶ場所だった

ここには、政争に敗れた高等官僚が数多く流されている。今でも済州島の男性は理屈っぽくて議論好きだと評されるが、それは、朝鮮王朝時代に多くの官僚がこの地に流されてきた名残だといわれている。

現在、済州島の北岸にある朝天《チョチョン》という町に、「恋北亭《ヨンブッチョン》」という建物が残っている。風の通りがいい〝あずまや〟なのだが、ここは済州島に流された政治犯が都を偲《しの》ぶ場所だった。

当時、朝天には港があり、朝鮮半島との間を行き来する船はすべてここを発着場所にしていた。

流刑となった政治犯も、そんな場所に来て都への未練に浸るのだ。都の方角は北なので、そこから「恋北亭」という名がついた。

宮廷で政変があったときは、なおさら恋北亭に集まってくる人が多かった。

「政権が代われば自分も戻れるかもしれない」

わずかな望みを抱いて一心に祈ったことだろう。はかない夢だと知りながら……。

15代王の光海君《クァンヘグン》もその一人だった。

彼は1623年にクーデターで追放された。各地を転々とした後、最後に流されたのが済州島だった。

王にまでなった人が済州島に流されることがいかにみじめなことか。それを役人たちもわかっていたので、行き先を告げずに光海君を船に乗せ、その船の周りにいろいろ幕を張って進む向きを隠した。

光海君は済州島に着いて初めて、自分が最も恐れられている場所に流されたことを知った。

彼の嘆きがどれほど大きかったことか。

「どうして、こんなところまで」

絶句するばかりだった。

見かねた世話係が言った。

「王でいらっしゃったときに、よからぬ臣下を遠ざけていれば、こんな果てまでおいでになることもなかったでしょうに……」

何を言われても、光海君の悲しみは癒《い》えなかった。

光海君に代わって王になった仁祖《インジョ》は、済州島で光海君を大切に世話をするように、配下の者に命令していた。

光海君は従者に囲まれていたものの、僻地《へきち》とも呼べる島で庶民の嘲笑《ちょうしょう》を浴びながら生きざるを得なかった。

彼は1641年に66歳で没した。王としてみじめな晩年だった。

ちなみに、私の祖先も1402年に済州島に流されている。名を康永《カンヨン》という。朝鮮王朝を創設した李成桂の後妻のいとこであった。

後継者の座をめぐって、李成桂の前妻の息子と後妻の息子が骨肉の争いを繰り広げたが、結局は、前妻の子である五男の芳遠が実権を握った。その後の粛清《しゅくせい》で、後妻の一族は連座制による懲罰を受け、高官にのぼりつめていた康永も済州島に流された。康永は失意の中でも済州島で新たに息子を三人もうけ、その子孫が済州島でどんどん増えていった。私もその一人で、康永から19代下の子孫に当たる。

火事のとき真っ先に持ち出すのが「族譜」

日本では、一般の家庭が自分の先祖をさかのぼれるのは、せいぜい4代か5代だろう。相当な名家であれば、しっかりした家系図が残っていて数百年前の先祖のことがわかるかもしれないが、一般の家庭ではそうもいかない。

しかし、韓国は事情がまったく違う。どの家庭にも、初代からの系統が記録された「族譜《チョッポ》」という書物が置かれている。

かつては、火事になったときに真っ先に持って逃げ出すのが族譜といわれたくらい、とても重要なものだ。

ただし、族譜は分厚い書物が数冊（一族によって数10冊）にもなるので、そう簡単に持ち出せない。あまりに重くて、火事のときにボヤボヤしていたら、自分の身が危なくなってしまう……。

なぜ、族譜はときには数10冊にもなるのか。それは、一族の男子全員の生年、肩書、家族構成、没年、墓の位置などがとても細かく記されているからだ。

この場合、読者の方々に「一族」の定義をまず説明しなければならないだろう。

韓国で同族とされるのは、本貫《ポングァン》と姓が同じ場合にかぎっている。ここでいう〝本貫〟とは始祖の出身地をさしており、ほとんどが漢字二文字の地名だ。いわば、正真正銘の本籍地であり、韓国の人は誰もが本貫を自分の出自の根拠にしている。

人口が少ない姓の場合は本貫はひとつだけだが、人口が多い姓になるといくつもある。たとえば、韓国で人口が一番多い「金《キム》」という姓の場合は、本貫は「金海《キメ》」「慶州《キョンジュ》」「光山《クァンサン》」「安東《アンドン》」などがある。そして、本貫と姓が同じ人が韓国では同族となり、その全員（主に男子のみ）の略歴を代ごとにまとめた書物がつくられる。それが族譜だ。

私の姓は「康《カン》」で、本貫は「信川《シンチョン》」である。今も我が家の書棚には古めかしい族譜4冊があるが（1冊あたりのページ数はなんと980）、表紙を見ると「信川康氏大同譜」と書いてある。〝大同譜〟は族譜と同じ意味だ。

ページをめくると、一族の歴史が披露《ひろう》され、初代先祖の墓所の地形図がある。どこの族譜も同じだが、いかに自分の一族が優秀であるかを延々と誇らしげに書いているのだ。

ただ、一族の来歴はかなり脚色されていると思って間違いない。なにしろ、朝鮮王朝時代をさらにさかのぼって高麗王朝時代から話が始まっているのだから……。書き継いでいるうちに筆が走ることも十分に予想できる。

こうした族譜をつくる習慣は、朝鮮王朝時代に整備された。伝統的な儒教社会の中で、男子の血統を証明するために族譜はなくてはならないものだった。ただ、同族礼賛の象徴ともいえる書物なので、この族譜の存在が、他の一族と区別して同族だけで凝り固まってしまうという弊害を招いた部分もあった。

また、現在の視点から見れば、女性の記録が軽んじられているという点で男尊女卑を如実に示すものでもある。

それでも、初代から自分に至る長い系統を確認できるというのは貴重だ。こうした族譜をあらゆる家庭に普及させたのだから、朝鮮王朝の血統尊重主義は徹底されていた。まさに、何百年も受け継いできたからこそ、今も〝形〟が残っているのだ。

ちなみに、族譜の改訂は一族の宗親会（長老会の性格を帯びた同族同士の親睦会）が定期的に行なってきた。ただ、あまりにも大変な作業なので、現代社会では改訂がなかなか進まない場合もある。

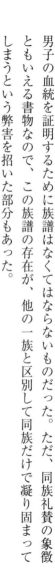

昔は白かったのに、いつからキムチは赤くなった？

韓国の漬物といえば、誰もが真っ先に思い浮かべるのがキムチ。今では日本でも需要を伸ばし、どの食卓でもすっかりおなじみになった。

キムチといえば、〝真っ赤な漬物〟という先入観があるが、実はキムチが唐辛子《とうがらし》で赤くなったのは朝鮮王朝時代でも18世紀以降だ。それ以前には、まだ朝鮮半島に唐辛子が渡来しておらず、キムチは白いものだった。

「宮廷女官　チャングムの誓い」を思い出してほしい。このドラマは16世紀前半が舞台となっており、唐辛子が渡来する以前の話だった。それだけに、赤いキムチはまったく出てこない。「韓国料理なのになぜキムチがないの？」と思った人も、これで疑問が解けたのでは……。

古くから朝鮮半島でキムチは「沈菜《チムチェ》」と呼ばれていた。野菜を水に浸すという意味で「野菜を沈める」という字を当てていたのである。その時点でキムチは単に野菜を塩漬けしたものだった。それから長い年月を経て、発音が〝チムチェ〟から〝キムチ〟に変化していった。

そんなキムチを一変させたのが唐辛子だった。もともと唐辛子はメキシコが原産で、コロンブスがアメリカ大陸を発見したとき、帰りにヨーロッパに持ち込んだとされている。広大なユーラシア大陸を通って、東アジアに伝わったのが16世紀末。豊臣軍が朝鮮半島を攻めたときに唐辛子が持ち込まれたという説も一部にある。

同じ唐辛子でも、日本と朝鮮半島では育ち方が違った。日本では〝鷹《たか》の爪《つめ》〟と呼ばれるように小さくて辛《から》く育つが、朝鮮半島では大きくて甘味もある。カルシウム分の多い朝鮮半島の土壌に、唐辛子は本当によく合った。

唐辛子が朝鮮半島に入ってくる前は、胡椒《こしょう》が香辛料として重宝されていた。当時は肉食が盛んで、肉の臭みを消して腐敗を防ぐ香辛料は必需品だったが、熱帯性の胡椒は朝鮮半島では栽培が難しく、高価なものを輸入に頼っていた。そんな時期に唐辛子が登場したので、またたくまに朝鮮半島全土に広まった。

その流れの中で、1700年頃からキムチにようやく唐辛子が使われるようになった。1715年に出た書物の中で「唐辛子を使ったキムチ」という文章がある。この時期に、キムチは初めて公になった。

朝鮮半島の料理はピビンバに代表されるように、なんでも〝混ぜる〟ことが調理法としてお得意なのである。その手法が漬物にも取り入れられて、白菜だけでなくキュウリや大根などの野菜でも唐辛子入りの赤いキムチがつくられるようになり、キムチ文化が大いに発展した。

女性ばかりが苦労させられた4大名節

朝鮮王朝時代の人々の暮らしの中で、特に節目となる重要な日が1年に4回あった。それが「ソルラル」「寒食《ハンシッ》」「端午《タノ》」「秋夕《チュソク》」という4大名節だ。

すべて日付は陰暦で、ソルラルは1月1日、寒食は冬至から105日目、端午は5月5日、秋夕は8月15日だった。この日には朝鮮半島全土で、儒教の儀礼に沿って各種の行事が行なわれた。

ソルラルは元旦のこと。1年間の無病息災を祈り先祖に感謝するという意味で、名節の中で最も重視された。

どんなことをするのか。まずは、親族が長老の家に集まって先祖に対する祭祀を行なった。この際に大事なのは、先祖の魂が目の前に帰ってきていると想定すること。それにしたがって、生きている人にご馳走《ちそう》を出すのと同じようにお膳の供え物を準備した。

祭祀が終われば、親族の長老（たいていは祖父母）の前に進み出て、年が上の者から順に新年の挨拶をする。

これを歳拝《セベ》というが、長幼の序を重んじる儒教社会だけに、この歳拝はとても大事にされた。

ソルラルの次に重要なのが秋夕。日本でいえば旧盆にあたり、毎年8月15日（陰暦）に行なわれた。

この日は先祖の墓参りに行く。朝鮮王朝時代の墓はすべて土葬で、土を盛って仕上げるので墳墓のような形をしている。夏になると墓地には雑草が生い茂って、ときには墓の場所がわからなくなるほどだ。

それでは先祖に失礼になるので、秋夕の前に草刈りをして墓を整備しておくことも欠かせない。

また、韓国の墓は風水思想の影響で山の中腹にあることが多いので、親族総出で出かけるにしても大変だった。祭祀用の道具や供え物をたくさん持って、きつい山道をのぼっていかなければならない。

無事に墓に着いたら、その墓前で簡素化された祭祀を行なう。ただし、5代くらいさかのぼった先祖まで順に祭祀を行なわなければならないし、墓はあちこちに散っているので、無事にすむまでは1日がかりだった。

この日は中秋の名月であり、夜は家族みんなで月を見て楽しい時間を過ごした。

寒食は、火を使わないで冷たいものを食べるという日。その習慣から、その名称もズバり「寒食」となった。

どの家庭でも、前日から用意しておいたナムル（野菜のあえもの）をおかずに冷たいご飯を食べる。季節は初春。火を使わないのは、季節の変わり目に火の扱いに注意せよ、という警告の意味もあったらしい。

同時に、本格的な農作業が始まる前の節目として、冷たい料理で決意を新たにするという意味合いも……。

今でも地方に行くと朝鮮王朝時代と同じように「寒食」の習慣を守っているところもあるが、都会ではあまりやらなくなってしまった。

端午《たんご》は、日本では〝子供の日〟で男の子を祝う日にあたっているが、朝鮮半島では老若男女を問わずこの日を祝う。陰暦の5月5日なので太陽暦では田植えが終わった時期。その年の豊作を祈願するという節目でもあった。

この日、女の子たちは、悪い鬼を追い出すという意味で、菖蒲《しょうぶ》をゆでた水で洗髪をした。男の子たちは菖蒲の根を腰に付けて過ごす。これは、〝弱い気〟を追い出して元気になるというおまじないだ。

朝鮮王朝時代の4大名節。現在の韓国でもソルラルと秋夕は、大々的に行事が行なわれている。陰暦の1月1日と8月15日に該当する日は、前後の日を加えて3連休になり、みんなが帰省して鉄道や道路が大混雑する。

日本と違って陰暦をここまで大事にするのも、朝鮮王朝時代からの伝統をしっかり受け継ぐ習慣が根づいているからだろう。

ただ、ソルラルと秋夕が近づくと、女性たちの多くがゆううつになるのも確か。なぜなら、先祖に捧げる供え物の準備がハンパでなく大変なのだ。

男性は30分ほどの祭祀を執り行なって後は酒を飲んでいればいいのだが、女性は大勢のご馳走を一度につくらなければならず、親族の女性が総出で目がまわる忙しさになる。

「みんなで楽しく酒が飲める」

男たちはウキウキだが、女性たちは「なんで韓国に生まれたのか……」と一様に嘆いている。

それだけに、祭祀を簡素化するという流れは、女性もこぞって大賛成である。

時代劇を見ていて気になるのが女性の服装と髪形

朝鮮王朝時代、服装は身分を端的に表すものだった。儒教社会は特に礼儀を大切にするが、地位が高い人ほど儀礼に合わせて服装を整える必要があった。そのために、上に立つ人は実用性よりも格式を重んじて服装を選んだ。

その中でも、最高の格式を表す服装は、王が着たコンリョンポである。これは赤色の服で、装飾された竜が胸、背中、両肩に金糸で縫いつけられていた。この場合の竜は王の分身なのである。

王族の女性たちはタンイと呼ばれた、前垂れのように長いチョゴリ（上着）を着た。それも派手に金の刺繍《ししゅう》をほどこしたものばかりだった。また、チマ（スカート）の幅をあえて広げて権威を見せつけた。

貴族階級ともいえる両班《ヤンバン》の男性たちは、絹でつくられた広い袖《そで》の服を着た。大事なのは頭で、広いツバと中央の高い筒が特徴の「サッカッ」と呼ばれる冠をいつもかぶっていた。朝鮮王朝の儀礼で無冠は最も礼儀知らずとされたので、両班の男性たちは室内でも「サッカッ」を付けていた。

宮廷で働く女官たちは、水色のチョゴリと藍色《あいいろ》のチマという目立たない衣服を身にまとった。ただし、地位がかなり上がった女官はタンイを着るようになるが、そのときも地味な緑色にするのが定めだった。

なお、タンイを着たときは、両手をチョゴリの中に入れることが礼儀とされた。そういう場面は、「宮廷女官　チャングムの誓い」でもよく登場していた。

一方、庶民の女性は、モノトーンの地味なチョゴリとチマを着た。男性の服装も地味なチョゴリとパジ（ズボン）である。働きづめの人生なので、動きやすいことが服装の条件だった。

さらに、韓国の時代劇を見ていて服装と同じように気になるのが、宮廷で働く女官たちの髪形だ。三つ編みをいくつも重ねた頭が次々に出てきて、見ているだけでも肩が凝ってきそうなほどだった。

「あれは自分の髪なの？」

そう疑問に思う人もいるだろう。

あの髪形はカチェといって、自分の髪ではなくカツラだ。人の髪の毛を集めて長く編んで丸く重ねているのである。身分の違いを表すため

王妃の華麗なカチェにはさまざまなバリエーションがあった。

に、地位の高い人ほど大きなカチェを使うことを好んだ。

重いものでは3キロ以上もあるというから驚く。実際、肩や首にかかる負担は相当なもので、宮廷でも高位にいる人ほど肩凝りに悩まされたという。

こうした髪形は、一般女性の間でも流行するようになり、カチェを買うために借金をする女性も増えた。

そのために、朝鮮王朝時代後期には法律でカチェが禁止された。

そこで、上流階級の女性たちは、長く編み上げた髪をピンで固定するようになった。あれほど流行したカチェも、こうして歴史の中に埋もれたのである。

中国からの使節が腫れ物扱いだった理由

〝事大主義〟という言葉を知っているだろうか。

なんでも大げさにふるまうこと？

正解のように思えるかもしれないが、実は違う。これは〝大に事《つか》える〟という意味で、朝鮮王朝の中国に対する外交政策の基本姿勢を表している。

日本は島国であることで、国防上どれほど助かってきたことか。一方の朝鮮半島は中国大陸と陸続きなので、有史以来、数えきれないほど中国から侵攻を受けている。その恐怖心たるや、先祖から子孫まで骨の髄までしみ入っていた。朝鮮半島の国家にとって、中国を怒らせないことがいつの時代でも存亡の鍵だった。

「宮廷女官　チャングムの誓い」「イ・サン」「大王世宗」などの時代劇を見ていても、歴代の朝鮮王朝が、中国からの使者に本当に気をつかっていることがわかる。まるで〝腫《は》れ物に触る〟ようだ。それもすべて事大主義を国是《こくぜ》としていたから。

本来、中国の皇帝は自らを世界の頂点と自負しており、周辺国家に自分と同等の人間がいることを認めなかった。

仮に朝鮮半島の国家が同格の皇帝を自称すれば、ただちに中国が攻めてきて、その国は滅ぼされてしまっただろう。

しかし、一歩下がって臣下の礼を申し出てくれば別。領地を安堵《あんど》し、それ以上の服従を求めなかった。

だからこそ、朝鮮王朝の主は〝王〟を自称して〝皇帝〟を名乗らなかった。王は皇帝よりも格がひとつ下だ。

朝鮮王朝は成立したときからずっと、中国に対して謙虚な姿勢を貫いた。歴代の王は、何かにつけて中国に使者を送って臣下の礼をとった。その見返りもある。豊臣軍が攻めてきたとき、中国大陸の明は援軍を送って朝鮮王朝を助けた。それは、皇帝をいただく国としての義務でもあった。

とはいえ、明に代わって清が中国大陸の主になると、朝鮮王朝も立場が変わってきた。清は、朝鮮王朝からすれば格下と思っていた女真族が建てた国。今までのように、素直に崇めることができなかった。

その変化を清も察していて、大軍で朝鮮半島に攻めてきた。圧倒的な軍事力に抗うことができず、朝鮮王朝は国辱的なほどに屈伏せざるを得なかった（1636年）。やっぱり、中国は恐ろしい存在だった。

ただし、朝鮮王朝が清に対して臣下の礼をとったのは1895年までだった。この年、日本と清の間で下関条約が結ばれ、清は朝鮮半島での影響力を失った。

そのときに、朝鮮王朝は何をしたか。

1897年に国名を大韓帝国と変え、王は皇帝を名乗るようになった。中国とは立場が完全に対等、という意思を鮮明にしたのだ。

ただ、国力は衰退しきっていた。大韓帝国の命は、1910年の日韓併合までのわずか13年間だった。

朝鮮王朝なるほどQ&A（3）

Q．朝鮮王朝は室町幕府とどのような関係を築いていたのでしょうか。

A．朝鮮王朝が建国された14世紀末、室町幕府も南北朝の内乱をようやく終わらせました。国内が一時的に安定したことで、室町幕府は外交面にも力を入れるようになり、朝鮮王朝とも相互不可侵の約束を確認し合って平和的な関係を築きました。朝鮮王朝側は室町将軍からの使節を「日本国王使」として迎え、その回礼使を送って答礼しています。さらに、室町将軍の継承を慶賀する通信使を何度か送っています。

ただし、15世紀の後半になると、朝鮮王朝側は対馬海峡での遭難を恐れて、使節の派遣を行なわなくなりました。それでも、朝鮮王朝と室町幕府の関係は良好でしたが、室町幕府が弱体化して日本が戦国時代に入ると、両国は疎遠になってしまいました。こうした空白期間がのちに文禄・慶長の役につながってしまった、という側面もあるでしょう。

Q．朝鮮王朝は徳川家康には好意を持っていたのですか。

A.

1600年の関ヶ原の合戦に勝利し豊臣家に代わり天下を掌握していった徳川家康は、戦乱によって険悪となった隣国との関係改善に意欲的でした。何よりも国内を早く安定させるために、外国と問題を起こしたくなかったのです。

さらに、日本を代表して朝鮮王朝と強固な関係を結べば徳川幕府の正統性を内外に示すことになります。それゆえ、徳川家康は朝鮮王朝との間で外交使節の交換を早く行ないたいという意志をもっていました。

幸いなことに、徳川家康は文禄・慶長の役で戦場に派兵していません。豊臣秀吉の再三の派兵要請にも応じていないのです。この点で、朝鮮王朝側も徳川家康を嫌悪していません。それどころか、豊臣家から天下を奪うという形で恨みを晴らしてくれたのです。

そんな徳川家康の要請があり、1607年に第1回目の朝鮮通信使が来日しました。この一行は徳川家康に王の国書を直接渡したいと願ったのですが、徳川家康はすでに息子の秀忠に将軍職を譲って駿府《すんぷ》（静岡）にいました。しかも、幕府側からは、江戸城の秀忠に国書を出してほしいと要請されました。

朝鮮通信使の一行はそのとおりに行動し、帰路に駿府で徳川家康に会っています。徳川家康は遊覧船を用意し、一行を手厚くもてなしました。そのときに彼は、「今後はお互いによく通じ合うようにしましょう」と言ったと伝えられています。その印象がとてもよく、以後、朝鮮王朝は徳川家康にさらに好意をもったのです。

後に来日した朝鮮通信使の中には、徳川家康が祀られている日光東照宮まで出向き、家康廟の前で儒教式の祭祀儀礼を行なった使節もいました。

Q. 朝鮮王朝と徳川幕府の間で一番尽力した藩はどこですか？

対馬藩《つしま》です。対馬は土地が山間部ばかりで農業に適していませんでした。その貧しさから倭寇《わこう》の根拠地になってしまいますが、やがて朝鮮半島との貿易に活路を見い出すようになります。同時に、日本と朝鮮王朝側の橋渡し役としての存在感を強めていきます。それだけに、文禄・慶長の役で両国関係が破綻したのは痛手でした。生活の手段を失わないように必死になって関係修復に奔走しました。その甲斐《かい》があって、１６０９年に対馬藩は朝鮮王朝との貿易を本格的に再開することができました。

朝鮮半島南部の釜山《プサン》には倭館が設置され、対馬藩士と商人が常時駐在していました。いわば、対馬藩は徳川幕府になりかわって、貿易から外交まで担っていたのです。

朝鮮通信使が来日したときも、対馬藩が応対に当たりました。しかし、両国の間に入って対馬藩が苦労することも多かったようで、お互いのメンツを守る過程で国書の偽造事件も起きています。つまり、国書の文面が火種になりそうなときは、穏便になるように事前に対馬藩が手直ししていたのです。

後に発覚して徳川幕府が激怒しますが、対馬藩はとりつぶされることもなく安泰でした。徳川幕府も朝鮮王朝との交渉では対馬藩に頼るしかなかったからです。

第4章

凄い人物が壮大な歴史を動かしてきた！

貧しさを楽しんだ清廉潔白な高官「孟思誠」

朝鮮王朝時代に科挙に受かるということは、一族の繁栄がしっかり約束されたようなものだった。

俗に「清官三代」といわれた。賄賂《わいろ》をもらわず清く官に就いていても子孫三代まで暮らせるという意味だ。

それほど多くの財産を増やすことができたのだ。

厳格な身分制度の中で、科挙に受かった高等官僚は人もうらやむ特権階級。尊大な金満家になるのが普通だった。

そんな中で、生涯を通じて清廉潔白だったのが孟思誠《メンサソン》（１３６０〜１４３８年）だ。

朝鮮王朝初期の名宰相《めいさいしょう》で、初代王の太祖《テジョ》から4代王の世宗《セジョン》まで仕えて政治の中枢《ちゅうすう》を担った。１４３１年に完成した「太宗実録」（3代王太宗の治世時代の記録）の編纂《へんさん》を担当したが、ときの王だった世宗が「先に見たい」と言っても許可しなかったという。最高権力者が先王の記録を意図的に書き直すことを防ぐためだったが、孟思誠の一貫した姿勢は、後の編纂者の模範となった。

望みうる最高の出世を果たしただけに、孟思誠もさぞかし裕福な暮らしをしていると思われたが、実際に彼の家は雨漏《あまも》りのする小屋だった。

訪ねてきた大臣も困り果てた。孟思誠夫婦は来客の応対もそっちのけで、家の中で雨の漏る場所に器を置くのに忙しかったからだ。ただ立ちすくんでいた大臣は、雨漏りで服を濡らして帰った。

あるとき、孟思誠が故郷に凱旋《がいせん》することになった。地元の官吏たちは村の入口で出迎えようとした。

けれど、正装した官吏たちが待っていても、従者を伴った輿《こし》は一向にやってこない。それどころか、粗末な服を来た老人が牛に乗ってトボトボと近づいてきた。官吏の長はすぐに怒鳴った。

「無礼者め。すぐ牛から下りて脇にどけ。高貴なお方がいらっしゃるのだ」

老人もとぼけて聞き返した。

「高貴なお方とは?」

「孟思誠様だ。本来なら、お前なんかがお会いできるお方じゃない」

ここまで言われて老人はニヤリとする。そして、ゆっくりと口を開く。

「どうやら、私を出迎えてくれているようだな……」

思わぬ失態に顔面蒼白《そうはく》となる官吏たち。その前を孟思誠は悠然《ゆうぜん》と通り過ぎていった。

この手のエピソードはたくさん残っている。

ちょうど孟思誠が川で釣りをしているときの話だ。若者がやってきて、孟思誠のあまりに粗末な恰好を見て見下した態度を取った。

それでも孟思誠は怒らず、平然としていた。

すると、若者は「この近くの孟思誠様のお宅を知っているか」と聞いてきた。

「なんの用事があるのかな」

「お目にかかって挨拶をしたいんだ」

「それなら、もう用事は済んだよ。帰ったほうがいい」

「ということは……」

「そう、私が孟思誠だ。君の尊大な挨拶をもう受けたよ」

仰天した若者は、逃げるように帰って行った。

清貧の高官。朝鮮王朝時代を通して孟思誠ほど身分と暮らしが合っていない人はいなか

った。

彼は、民の暮らしを知るためには、自分も同じようにしなければいけないと考えていた。同時に、身なりで人を判断する風潮をあざわらった。

孟思誠が死んだ日、世宗は高官たちに休日を申し渡した。それは、見事な人生を歩んだ孟思誠に対する聖君からの最高の弔意だった。

長い人生をかけて汚名をそそいだ「黄喜」

李成桂《イソンゲ》が高麗王を追放して自ら王朝を開いたとき、優秀な政治家や官僚の多くが高麗王朝に義理立てして、李成桂の配下に入らなかった。

李成桂は彼らの才能を惜しみ、出仕するように再三要請した。しかし、高麗王朝の忠臣120人ほどは杜門洞《トムンドン》という村にこもってしまい、李成桂の要請を完全に無視した。

「たとえ餓死しようとも、高麗に対する忠誠心を捨てません」

業を煮やし、李成桂は命令を出した。

「いくつか出口を用意して、村に火を放て！」

いくら忠臣でも火事になれば出てくるだろう、という李成桂なりの読みがあった。しかし、彼らの意思は火にも屈しなかった。120人にものぼる優秀な人たちが、火の海となった村に残ったまま焼け死んでしまった。

今も韓国に残る言葉に「杜門不出」というものがある。1か所にこもって外に出ないときに使うのだが、この杜門洞での故事が由来となっている。

ただ、全員が焼け死んだわけではなかった。ほんの少し、李成桂の説得に応じて杜門洞を出た人もいた。黄喜《ファンヒ》（1363～1452年）もその一人だ。彼は、26歳で科挙に合格して高麗王朝の官僚になっていたのだが、時代の変化を率直に認め、恩讐《おんしゅう》を捨てて李成桂に仕える決心をした。

しかし、裏切り者として黄喜を責める人がいたのも事実で、彼は数人からツバをはかれた。それが顔に当たって痕《あと》が残ったという。

苦渋の決断だったことだろう。後ろめたさは残ったにしても、黄喜は成立まもない朝鮮王朝のために必死に働いた。

才能が抜きんでていたので、すぐに重用された。

3代王の太宗は「黄喜に1日会わないでいるとかならず呼び出して、彼のそばを離れないようにした」と語るほど彼を信頼した。

4代王の世宗の代でも重職を歴任した。宰相としては、他に並ぶ者がいないと称されるほど評価が高かった。

それほど出世しながら、普段から質素に暮らした。世宗が家に寄ったとき、あまりにも見すぼらしい生活をしていたので、さすがの名君も声を失ったという。

世宗は側近に厳命した。

「明日、市場に来た商人の売り物をすべて買い取って、黄喜の家に届けてやりなさい」

しかし、翌日は雨が一日中降り続き、夕方になってようやく一人の商人がやってきただけだった。

卵を一袋持っていたのでそれを世宗の側近が買い取って、黄喜の家に届けた。黄喜は世宗の心遣いに感激して、その卵をゆでた。

しかし、食べようとしたら、すべて腐っていてどうしようもなかった。やはり、黄喜には質素な生活が似合っていたのだ。

性格は温厚で誰にでも寛大だった。そんな性格が長生きの秘訣だったのか、86歳まで宰相を務めた。

1452年、89歳で息を引き取ったが、かつて彼にツバをはいた人が弔問に訪れて、遺体に謝罪したという。

主君に忠誠を誓って散った男の中の男「成三問」

日本で忠臣といえば、無念の死をとげた主君の仇討ちを果たした赤穂浪士が有名だ。その逸話は「忠臣蔵」として何度も映画やテレビドラマになっており、自らを犠牲にしてまで忠君に徹した物語は今でも人々の涙を誘っている。

朝鮮半島に目を転じれば、忠臣としてあまりに有名なのが成三問《ソンサムムン》（1418〜1456年）だ。彼もまた、自らの命を省みずに、信念に基づいて忠義を尽くした。わがままな人間が目立つ時代になればなるほど、成三問の生き方は羨望《せんぼう》と尊敬をもって迎えられる。

彼の名前の由来が面白い。母が陣痛で苦しんでいるとき、天から不思議な声がした。

「生まれるか？」

この声が3回繰り返されたという。そのあとで男の子が誕生した。〝天から3回問われて生まれた子〟ということで三問と名づけられた。

頭脳明晰《めいせき》で21歳のときに科挙に合格。第4代王の世宗《セジョン》を支え、ハングルの創製にも関わった。間違いなく、当代随一の学識者だった。

しかし、世宗が亡くなったあとに、成三問の運命も反転する。彼の道を閉ざしたのは、世宗の次男の首陽《スヤン》だった。

世宗の後は長男が継いで5代王の文宗《ムンジョン》となったが、在位2年3か月で死んでしまい、6代王には文宗の息子がなった。まだ11歳の端宗《タンジョン》で、首陽から見れば甥《おい》に当たった。

首陽は甥が若すぎるのをいいことに野心を燃やして王位を奪取。7代王の世祖《セジョ》となった。

あまりにも強引な手口に反抗した政府高官も多かった。その中心的な人物が成三問だった。

「大義を乱してはいけない。王道政治のためにも王位を戻すべきだ」

強い信念をもった成三問は、同志とともに端宗の復権をはかった。しかし、裏切り者が出て、成三問たちはつかまって拷問を受けた。

しかし、いくら強引な世祖でも、優秀な人材を失えば国の政治に支障をきたすことがわかっていた。

そこで、世宗の時代から信頼を受けていた成三問と他の同志に対して、その処罰を軽減しようとした。

ただし、世祖の王位を認めることが条件だった。

このように世祖は懐柔策に出たが、反発は強かった。彼らは亡き世宗の意思を尊び、世祖を認めず、最後まで端宗を王と崇めた。

その気持ちの表れとして、世祖に対しては「旦那さん」という意味の「ナウリ」と言い続けた。

世祖は怒り、彼らを殺そうとした。

ただ、他の同志たちを諦めても一番優秀な成三問だけは諦めきれなかった。執拗《しつよう》に臣下になるように説得した。

しかし、成三問は敢然と言い放った。

「ナウリ、忠臣は二君に仕えないものです」

逆上した世祖は、成三問を残虐な方法で処刑した。こうして、最後まで忠義を貫いた六人は刑場の露と消えた。

人々は、死んだ彼らの忠誠心を讃え、「死六臣」と呼んだ。そして、殺されはしなかったけれど官職を辞して生涯世祖に仕えなかった六人のことを「生六臣」と称した。

「死六臣」の遺体は見せしめのために、刑場にいつまでも放置された。さぞかし無念であったことだろう。

しかし、「死六臣」の忠義は現在の韓国でも称賛されている。歴史が彼らの名誉を守ったのである。

5万ウォン札の肖像画になった良妻賢母の鑑「申師任堂」

5万ウォン札の肖像画になっている申師任堂

韓国の紙幣で肖像画になっている人物を見ると、千ウォン札が李退渓《イテゲ》、5千ウォン札が李栗谷《イユルゴク》、1万ウォン札が世宗である。さすがに韓国は儒教の影響が強い国で、前者の二人は朝鮮王朝時代の儒教の大家だ。

以前まで最高額の紙幣は1万ウォン札だったが、もっと大きな高額紙幣の必要性が叫ばれ、2009年から5万ウォン札が新たにつくられることになった。そうなると、世間の話題を集めたのが「誰が肖像画になるか」ということだった。

著名な名将や独立運動家などが候補に挙がったが、最終的に採用されたのは、朝鮮王朝時代に良妻賢母の鑑《かがみ》といわれた申師《シンサ》任堂《イムダン》（1504〜1551年）だった。日本では樋口一葉が5千円札の肖像画になっているが、韓国では紙幣の肖像画にふさわしい人物として16世紀に生存した女性が選ばれた。この人選に誰もが納得したというほど、韓国でも申師任堂は特別な存在だ。

彼女は幼い頃から絵画の天才だった。

7歳のときに有名な絵師の山水画を模写したが、実物を上回るほど出来がよかったといわれている。

周囲の大人たちは心から驚いたが、申師任堂は平然と言った。

「写すだけでは満足できる絵は描けません」

天才は幼少の頃から言うことが違う。

申師任堂が描く鳥や動物は、本当に生きているかのようだった。あるとき、彼女は虫を描き、その絵を庭で乾かしていたところ、ニワトリが本当の虫と勘違いして食べようとしてしまった。生きている虫と間違えられる絵とは、どれほど躍動感にあふれていたことだろうか。

絵画と詩歌で才能を発揮した女流芸術家の申師任堂。結婚したあとは、生活が苦しかったが、節約と工夫で七人の子供たちに不自由な思いをさせなかった。また、夫の李元秀《イウォンス》に対しても内助の功を発揮した。

「科挙に合格するまで絶対に帰ってこない」

そう決意して夫が都に旅立ったことがあった。しかし、舌の根も乾かないうちに挫折して戻ってきてしまった。情けない夫を前に、申師任堂は裁縫箱からハサミを取り出した。

「あなたが約束を守れないと言うなら、この世に未練はありません」

そう言って、ハサミで自らの命を断とうとした。驚いた李元秀は、まず妻に詫び、自らの甘さを恥じた。そして、改めて決意を固めて都に向かい、今度こそ科挙に合格するまで帰ってこなかった。

本来なら、好きな芸術をとことん究めたかったはずなのに、申師任堂は自分の欲を抑えて、親孝行と内助と教育に人生を捧げた。

死期が迫ったのは48歳のときだった。

彼女は夫にこう頼んだ。「私が死んでも、あなたは絶対に再婚しないでください」

この願いは当時として異例だった。妻に先立たれた夫は新しい妻を迎えるのが一般的だったからだ。

申師任堂は子供たちの将来を考えていたのだ。子供が継母とうまくいかない例は山ほどあった。

実は、申師任堂の三男は冒頭で名前が挙がった李栗谷である。16歳で母と死別し、あまりに悲しくて僧侶になろうとした。しかし、母から教わった学問を生かす道に進みたいと思い直し、儒学の大家になった。

つまり、中師任堂は親子で紙幣の肖像画になっているのだ。世界でも非常に珍しい例ではないだろうか。

リュ・シウォンの先祖としても知られる名宰相「柳成龍」

韓国中部の内陸に、河回村《ハフェマウル》という景勝地がある。大河が半円形のように流れている中に村があることからこの名が付いたが、ここが韓国でも特に有名なのは、朝鮮王朝時代の伝統家屋がそのまま残っているからだ。イギリスのエリザベス女王もこの地を訪れ、歴史の情緒あふれる風情に感動したという。ここにいると、まるで朝鮮王朝時代にタイムスリップしたかのような気分になってくる。

この河回村で最も格式ある旧家として有名なのが、柳《リュ》家である。河回村どころか、韓国でも有数の名門だ。

そして、この柳家が今でも韓国で大きな尊敬を集めているのは、かつて宰相として国家の危機を救った偉人を輩出しているからだ。その名は柳成龍《リュソンニョン》（1542～1607年）。史上名高い名著「懲毖録《ちょうひつろく》」の著者でもある。その書物の冒頭に、次のような内容の逸話が出てくる。

名高い日本紀行「海東諸国紀」を著した申叔舟《シンスクチュ》は、1443年に朝鮮王朝側の使節として京都におもむいたことがある。その後、彼の死期が近づいたとき、当時の王であった成宗《ソンジョン》が「何か言いのこすことはあるか」と尋ねた。このとき、申叔舟は「わが国が日本との平和関係を失うことがないようにしてください」と言った。その言葉をしっかり受けとめた成宗は、早速、日本との友好関係の修復に努めようとした。

だが、派遣された通信使たちは対馬海峡の風浪の激しさに驚き、対馬にたどり着いたものの、すぐに引き返してしまった。なんとも情けない有様であった。それ以来、朝鮮王朝は使節を日本に送らず、日本からやってくる使節に対応するだけになってしまった。

柳成龍が自著の冒頭にこの話を載せたのは象徴的である。結局、申叔舟の遺言は生かされず後に悲劇的な文禄・慶長の役を迎えてしまうが、このときに朝鮮王朝側で政治のリーダーだったのが柳成龍であった。

「懲毖録」はその戦火を詳細に綴った記録集で、〝(戦争に) 懲《こ》りて、(わざわいを) 毖《つつし》む〟という気持ちから書名がつけられた。

若いときの柳成龍は名家出身らしく上品で、並ぶ人がいないほどの博識だった。彼は21歳のときに儒教の大家であった李退渓《イテゲ》の弟子になったが、師は常々こう言っていた。

「柳成龍は天が与えてくれた男だ」

最大級の褒《ほ》め言葉だ。朝鮮王朝最高の学者をうならせるほどだから、柳成龍がいかなる人物であったかがわかる。

25歳のときに科挙に合格して王朝の中枢で働くようになった柳成龍。めざましい昇進ぶりを見せ、第14代王の宣祖《ソンジョ》が最も信頼を寄せる政治家となった。

1590年、豊臣秀吉が大陸制覇の野望を強くした頃、宣祖は日本の状況を把握するために使節を京都に送った。

けれど、戻ってきた使節の面々が報告する内容は、それぞれに食い違いがあった。正使の黄允吉《ファンユンギル》が「日本に不穏な空気があります。攻めてくる可能性が高いでしょう」と述べたのに対し、副使の金誠一《キムソンイル》は「攻めてくる様子はありません」と断言したのだ。

正反対の意見が出て宣祖は戸惑ったが、最終的に金誠一の意見が通った。彼が所属する派閥が政治的に優勢だったことも意見が採択された理由のひとつだった。

結果は凶と出た。

黄允吉が言ったとおり、豊臣軍は1592年に攻めてきて、朝鮮王朝は未曾有《みぞう》の被害を受けた。

判断を間違えた金誠一の死罪は免れないところだった。

しかし、この戦で陣頭指揮をふるった柳成龍は、宣祖に金誠一の助命を願い出た。二人はともに李退渓の門下生として無二の親友同士だったが、それ以上に柳成龍は金誠一の真意を知っていたからだ。

「懲毖録」に次のような内容の記述がある。


私は金誠一に「あなたの言葉は黄允吉と違っていたが、もし相手が攻めてきたら、一体どうするのか」と聞いてみた。すると、彼はこう答えた。

「私だって、日本が最後まで攻めてこないとは言えません。けれど、黄允吉氏の言葉があまりに重く、みんなが戸惑ってしまうので、それを和らげてあげたかったのです」


つまり、金誠一は〝疲弊していた民の不安を煽《あお》りたくない〟という思いから豊臣軍の侵攻を否定したというわけだった。

結果的に金誠一が致命的な失態を犯したことは確かだが、柳成龍は彼ならばきっと挽回《ばんかい》して国のために役立つと信じていた。

世界の海戦史に名を残した名将「李舜臣」

柳成龍の必死の説得のおかげで、金誠一は命を救われた。意気に感じた彼は最前線で勇敢に働き、名誉を回復して1593年に死んだ。その知らせを聞いた柳成龍は「金誠一は、生涯最高の友だった」と言って慟哭《どうこく》した。

相変わらず戦火は続いた。

柳成龍は名宰相として豊臣軍と対抗し、最後まで国を守りきった。これほどの功労者に対して、宮廷は冷たかった。平時となって緊張感がゆるむと、再び派閥闘争が激化し、その渦中で柳成龍は失脚した。

故郷に戻った柳成龍は、お粥を食べるのがやっとという清貧な生活の中で、戦火の中でも書き続けていた日記を「懲毖録」としてまとめた。また、生涯の友を忘れず、金誠一の墓参りを欠かさなかった。

1607年、柳成龍は65歳で世を去った。それから365年後、直系の子孫としてリュ・シウォンが生まれている。この人気俳優は、先祖の品格と聡明さを十分に受け継いでいる。

李舜臣《イスンシン》（1545〜1598年）という名は、現在も韓国では不滅である。

朝鮮半島の長い歴史の中でも、彼ほど傑出した英雄は他にいなかった。今あらゆる年代層に「歴史上最も尊敬する人は誰か」と尋ねたら、李舜臣の名が一番多く挙がるだろう。

その評価は韓国だけにとどまらない。世界の海戦史の中でも、李舜臣の名は〝天才的な戦略家〟として特別な輝きをもっている。その李舜臣に痛い目にあわされた日本側でも、明治期の海軍が彼の戦術を大いに研究したというから、いかに彼が後世にも大きな影響を及ぼしたかがわかる。

この名将は、1545年に名門の家に生まれた。本来は文官の家系なのだが、小さい頃から戦の真似事《まねごと》を喜ぶような子供だった。

27歳のときに科挙の武科（武官を選抜する試験）に挑戦したが、落馬して不合格になってしまう。5年後にようやく合格したが、すでに32歳になっていた。遅いスタートといわざるを得ない。

北方の国境警備をはじめ、下級武官として各地を転々とした。上司に媚《こび》を売らず不正に加担しないという姿勢は堂々としてりっぱなのだが、意固地な堅物と見られて誤解を生むことが多かった。

それでも腐らず、李舜臣は必死に職務に励んだ。

転機となったのは、全羅道の水軍守備隊長として配属されたときだ。内陸生まれの彼は、このとき初めて海というものを間近に意識するようになった。

彼には天性の軍事的才能があった。短期間のうちに水軍の兵法を身につけ、誰にも真似《まね》のできない戦略を練った。

1590年になると、日本の軍勢が攻めてくるかもしれないという可能性が取り沙汰されるようになった。海の守りを固める必要性が生じ、朝鮮半島南側の水軍司令基地で大幅な人事異動が行なわれた。

そのとき、政権実力者の柳成龍の推薦で、全羅道にある水軍基地の司令官になったのが李舜臣だ。このときは誰もが驚くほどの異例の抜擢だった。有事を控えて、李舜臣の戦略が高く評価されたのだ。

司令官となった彼が真っ先に考案したのが世界初の鉄甲船ともいえる「亀甲船」だ。舟の上を鉄板で覆い、まるで亀の甲のように見えるのでその名がついた。敵兵の乗船を防ぎ、前後左右の大砲を最大限に生かせる戦闘船だった。

1592年、豊臣軍との戦いが始まった。地上では朝鮮王朝軍は敗退を続けたが、李舜臣が率いる水軍は違った。亀甲船が威力を発揮し、海上で大きな成果を挙げて豊臣軍の補給を絶った。

ソウル市の中心部にある李舜臣の銅像

李舜臣の功績は大きく、彼は水軍の総司令官にまで昇進した。

しかし、朝鮮王朝では存亡の危機にあっても高官たちは内紛に明け暮れていた。李舜臣は「日本と内通している」という謀略にはまり、投獄されてしまった。

獄中の息子に会うために出掛けた旅の途上で、李舜臣の83歳の母は息絶えた。その知らせを聞き、李舜臣は親不孝を詫びて泣き崩れた。

傑出した名将を失った水軍は、それまでの連勝が嘘《うそ》のように敗北を重ねていく。そして、李舜臣の後継者が無能をさらけだすと、後のない高官たちは手のひらを返して李舜臣を再び水軍の総司令官に戻した。ただし、彼を迎えたのは、わずかに残った12隻の小さな船だけだった……。

ここから李舜臣は巻き返した。不眠不休で水軍を再編成し、荒れた海流を巧みに利用した戦術で戦果を挙げた。

1598年8月、懸命に戦い続ける李舜臣のもとに、豊臣秀吉の死亡が伝えられた。機をのがさず、李舜臣は総攻撃に打って出た。この戦いの中で李舜臣に流れ弾が当たった。瀕死の李舜臣。彼は息子と甥を呼び出して言った。

「死を知れば兵の士気が下がってしまう。盾で私の姿を隠して、お前たちが残りの指揮を取れ」

それが遺言だった。李舜臣は死ぬまで戦い続けた不滅の将軍だった。

今、ソウル中心部にある李舜臣の銅像は、兜《かぶと》をかぶった姿で日本の方向に向いている。かつては、日本に対して牽制《けんせい》しているといわれたが、今は日本にエールを送っているとも思える。

日韓が親しい関係になれば、李舜臣の銅像の意味合いも変わる。

傑作医学書で多くの人命を救った「許浚」

韓国の時代劇で史上最も高い視聴率を獲得したのは、1999年から2000年にかけて放送された「ホジュン　宮廷医官への道」で視聴率は63・7％。驚異的な数字だが、こんなに凄い人気を得られた理由は、医学書の名著「東医宝鑑」を書いた偉人を主人公にしたからだ。

許浚《ホジュン》（1546～1615年）は400年近く前に亡くなった名医。彼のおかげでどれだけ多くの人の命が救われたことか。

「東医宝鑑」は日本や中国だけでなくヨーロッパまで鳴り響いた全25巻の名著。そこで紹介された医学的知識は現代人も享受しているというから、その偉大さは本当にはかりしれない。ちなみに、韓国は2009年に「東医宝鑑」をユネスコの世界記録遺産に登録をしている。

これほどの名著を書いた許浚は、1546年に名門の家に生まれた。しかし、庶子であったために、重要な官職に就くことができなかった。当時の身分制度では、どんなに優秀な者でも庶子は冷遇された。

少しでも自分の能力を生かせる仕事をしたいと思った許浚は、山中で仙人のように暮らしていた名医のもとで修業し、医学の基礎を学んだ。

29歳のときに科挙の医科に合格して、許浚は宮廷内で診察をするようになった。医学に対して熱い情熱をもち、その医療技術も並はずれていた。宮廷に入ってからわずか1年で、宣祖《ソンジョ》の主治医となった。

異例の抜擢だった。

すぐに、宣祖から絶大な信頼を得た。それでも慢心することなく、日々新たな専門知識の探求に精進した。

豊臣軍が攻めてきたとき、許浚は宣祖と共に転々としながら、各地で庶民たちの惨状を目にした。医学書の必要性を痛感していたとき、宣祖からも王命を受けた。

「中国から多くの医学書が入ってきている。しかし、わが民族の医学書はまだない。お前が書いてみたらどうか」

こうして「東医宝鑑」執筆の端緒は開かれたのだ。

研究と執筆に没頭しながら王の主治医としての役割もこなし、許浚は次々と高い官位を得た。庶子としては、信じられないほどの出世だった。

だが、多くの妬みを買ってしまう。1608年、宣祖が亡くなると、奸臣《かんしん》たちは許浚の責任を徹底的に追及してきた。

「自決するか、自ら官職を辞退して宮廷を去れ」

当時は、王の死は主治医の責任、とみなされていた。死罪こそ免れたものの、許浚は流刑となり失意の日々を過ごした。

ただ、救いの神がいた。宣祖のあとを継いだ15代王の光海君《グァンヘグン》は、若いときから許浚の偉大さをそばで見ており、彼を主治医として宮廷に呼び戻した。

こうして再び研究と執筆に励むようになった許浚は、1610年に「東医宝鑑」を完成させた。

「東医」とは、中国の「漢方」に対して朝鮮固有の医学を意味している。「東医宝鑑」はその題名が示すように、東医の粋を集めた医学書で朝鮮王朝が生んだ大きな文化遺産である。光海君はとても喜び、1613年に活字本として出版され、全土の医療院に配付された。

許浚は「東医宝鑑」を完成させた後も、各地で起こった伝染病の対策用に最良の医学書を記した。また、庶民が読めるようにとハングルでも著書を書いた。

ドラマで描かれたとおり、許浚は庶民のために尽くした立派な医者だった。

人間の理想郷を描いた小説「洪吉童伝」の作者「許筠」

傑作小説の作者にして、中国からの使節を驚嘆させるほどの詩人。さらには、身分制度の改善を画策する革命家だった。

そして、その末路は……。

許筠《ホギュン》（1569～1618年）は、喝采《かっさい》を送りたいほどの才人で、一流の文人の末っ子として生まれた。

二人の兄と姉も有名な文人。特に姉の許蘭雪軒《ホランソロン》は、中国でも翻訳本が出るほどの詩才を誇っていた。

科挙で首席合格した許筠は、高等官僚への道を歩むが、その視線は常に社会を批判的に捉えていた。それは、彼が身分制度の中で冷遇される人たちをよく見ていたことと無縁ではない。

「世の中が間違っている。俺は黙っちゃいられない」

そんな思いを抱いていた。社会に目をつぶって栄達を望めば、宰相にまでなれる実力があるのに、許筠は社会からはじかれたような人たちと付き合い、本気で革命を夢見ていた。

そんな彼が、王政への痛烈な批判を込めてひそかに書いた小説が「洪吉童伝《ホンギルトン》」だ。内容は、許筠のうっぷんを晴らすように痛快である。とても面白いので詳しく紹介しよう。

物語の主役は義賊の洪吉童。舞台となっている時代は世宗《セジョン》（在位は1418～1450）の治世だ。

洪《ホン》宰相は本妻から長男を、妾から吉童を授かった。

もちろん、二人の息子を愛していたが、吉童をかわいがるわけにはいかなかった。庶子を表に出せなかったからだ。そういう差別のせいで、幼い頃から聡明だった吉童も、辛い日々を送るようになった。

吉童はその胸中をなんとか父に打ち明けた。しかし、慰めれば余計に不憫《ふびん》になると思った洪宰相は、あえて吉童を叱りつけた。荒れた彼は、刺客に命をねらわれるようになるが、逆に返り討ちにした。

しかし、正当防衛とはいえ人を手に掛けたことを悩んだ。家に留まればもはや家族の迷惑になると考え、自ら姿を消した。

旅に出た吉童は、いつしか盗賊の頭領になった。自らを活貧党と名乗り、悪徳高官だけをねらって懲らしめた。

世宗は活貧党の逮捕にやっきになるが、神秘的な術を操る吉童をつかまえることはできなかった。強気に出た吉童は、自分を兵曹判書（国防長官）にするなら出頭するという札を目立つところに張り付けた。

世宗は、吉童を野放しにするよりも自分の配下に置いたほうが賢明だと考え、彼の要望を受け入れた。庶子出身の義賊が大臣にまでのぼりつめたのである。

しかし、吉童はそれだけでは満足せず、仲間と一緒に遠い異国の地に向かった。それは楽園を探す旅だった。

吉童は、旅先でも活躍した。数々の困難を切り抜け、新しい国を建国するまでになった。そこで吉童は多くの子供を授かって幸せに暮らし、最後は雲に乗って、天の国に旅立った。

以上が「洪吉童伝」の筋書きだが、許筠はこの小説の中で、身分制度を乗り越えて誰もが自由になる理想郷を描いた。

しかし、理想と現実は違う。許筠が身分制度の矛盾を改善しようとした熱意は権力側から反逆罪とみなされ、彼と同志は逮捕されて死罪となった。そのとき許筠は49歳だった。反逆罪は最も罪が重く、家族や子孫も極刑となった。流された血の多さは、目をそむけたくなるほどだった。

それでも、許筠が夢見た理想は残った。「洪吉童伝」は次々と写本されて、世代を引き継いで多くの人に読まれた。

悪代官を懲らしめた朝鮮王朝の007「朴文秀」

身分を隠した副将軍が悪代官を懲らしめる、といえば、ご存じ「水戸黄門」。特に、葵《あおい》のご紋が入った印籠《いんろう》を出すときがクライマックスだ。それまでいばり散らしていた悪代官が、自分より上の権力にぶざまに屈するのを見れば、スーッと胸がすく思いがする。

この「水戸黄門」と立場がよく似ているのが、朝鮮王朝時代の「暗行御史《アメンオサ》」だ。これは、地方官僚たちの不正の監視と民心の調査のために王が派遣する特使のこと。この暗行御史に選ばれる人物は、王の絶大な信頼を得たひと握りの逸材だ。

暗行御史に任命されたら、事目《サモク》、鍮尺《ユチョク》、馬牌《マペ》という3つの道具を持って隠密として各地に赴く。事目は公務について書かれた本、鍮尺は死体検分に使う真鍮《しんちゅう》製の物差し、馬牌は身分を証明するものだ。これらを持っていれば、どの地方でも役人や警察を動員することができた。

暗行御史は身分を隠し、ときには物乞いに扮しながら悪徳役人の正体を暴こうとする。もし不正を見つけたら、馬牌を高々と掲げ、「暗行御史、出頭！」と叫んだ。すると、手配した警察が悪徳役人をつかまえるのだ。いわば、馬牌は「水戸黄門」の印籠と同じだった。

朝鮮王朝時代には多くの優秀な暗行御史がいたが、その中で一番有名なのが朴文秀《パクムンス》（1691～1756年）だ。

彼はもともと、歴史を編纂する優秀な官吏だった。着々と出世していったのだが、33歳のときに権力争いに巻き込まれて官職を剥奪《はくだつ》された。幸いに3年後に復職。以後は、暗行御史として各地を巡回し、役人たちの不正を調べた。

次々と大きな実績を挙げる朴文秀。さらに、彼の名声を高める出来事があった。

朴文秀が暗行御史として慶尚道《キョンサンド》（朝鮮半島南東部）で任務に就いているときだった。

海岸に無数のがれきが流れ着いていた。それを見て彼は、北の地方で大洪水が起こったと直感した。

それからの行動が素早かった。役所に働きかけて、すぐさま緊急用の穀物を北の地方に送ろうとした。

しかし、反対意見が多かった。

「勝手に穀物を移すと政府から厳罰を受ける。絶対にできない」

そう強硬に言われたが、朴文秀は従わなかった。

「すぐに運ばないと餓死者が大勢出てしまうぞ。責任はすべて俺がもつ！」

タンカを切ってから朴文秀は穀物を船に乗せて北に向けて出発した。

同じ頃、咸鏡道《ハムギョンド》（朝鮮半島の北東部）は大水害に見舞われ、「早く救援の穀物を！」と政府に願い出ていた。ただ、当地の知事は「実際に穀物が届くのに1か月はかかるだろう」と覚悟せざるを得なかった。

ところが、早くも港には穀物を乗せた船が次々と入ってくるではないか。

「信じられない。奇跡が起こったのか」

知事が呆然《ぼうぜん》とする中で、船から颯爽と下りてきたのが朴文秀だった。

こうして、咸鏡道は飢餓の大ピンチから救われた。

住民は心から感謝し、朴文秀を称賛する碑を立てた。その碑は後々まで大切に守られたという。

その後も朴文秀は、民衆が苦しんでいる声を聞くと、すぐに暗行御史として活動し、その苦しみを救った。民衆から見たら救世主のような存在だが、不正官僚から見たら鬼のように恐かった。

「暗行御史、出頭！」

この声によって、どれだけ悪徳官僚の不正が糾弾されたことか。いつの時代でも、朴文秀のような存在は、庶民から大きな喝采を浴びるものだ。

すばらしい才能がありながら悲劇的に散った「三大世子」

朝鮮王朝の世子《セジャ》というのは皇太子のことだ。

国王がもし亡くなれば、すぐに次の国王になる身分だ。それだけに、王朝のナンバー2として大変な権限をもっている。

しかし、誰もが無事に国王になれるわけではない。歴史的に見ると、世子でありながら、資格を剥奪された人が結構いる。そういう意味では、薄氷を踏むような危うさをもっている存在でもあった。

ドラマを見ていても、世子の危うさはよく出てくる。

たとえば、「100日の朗君様」ではド・ギョンスがイ・ユルという世子に扮していたが、暗殺されそうになって記憶喪失にもなっている。

ドラマで世子のピンチを大々的に描くのも、この身分がいかに危うかったかを端的に物語っていた。

史実によると、王朝の長い歴史の中で、悲劇的な最期を迎えた世子が三人いる。

それは誰かというと、昭顕《ソヒョン》世子、思悼《サド》世子、孝明《ヒョミョン》世子だ。

まず、昭顕世子は、朝鮮王朝を屈服させた清の人質となり、1637年から1645年まで軟禁されていた。

1645年に解放されて朝鮮王朝に戻ってきたが、わずかの間に急死してしまった。父親の仁祖《インジョ》とその側室に毒殺された疑いがきわめて高い。両者と昭顕世子の仲があまりに悪かったからだ。

次は、思悼世子だ。

彼が悲惨な事件で餓死した出来事はあまりに有名だ。なんと、父親の英祖《ヨンジョ》は米びつの中に息子を閉じこめてしまった。

素行の悪さを責めたてたわけだが、餓死してしまった思悼世子の無残な死は、王朝最大の悲劇であった。

最後に取り上げるのは、孝明世子である。

彼は、「雲が描いた月明り」の主人公であったイ・ヨンのモデルだ。ドラマではパク・ボゴムが扮していた。

頭脳明晰で18歳のころから政治を仕切り、人事面で手腕を発揮した。国王になれば名君になるのが間違いなかったが、わずか21歳で急死してしまった。本当にその死は多くの人に惜しまれた。

昭顕世子、思悼世子、孝明世子……。

みんな才能がすばらしかった。

彼らが国王になって政治を行なえば、朝鮮王朝は発展したと思えるのだが、いかにも残念だった。

朝鮮王朝なるほどQ&A（4）

Q・朝鮮王朝時代の英雄というと王族、貴族、高等官僚ばかりの名があがりますが、庶民の中から出た人物を紹介してください。

A・ 庶民の間から颯爽《さっそう》と現れた英雄ならば、朝鮮王朝が最大の危機に瀕したときに活躍した郭再祐《カクチェウ》がとても有名です。

彼は34歳で科挙の試験に合格しましたが、答案に書いた言葉が王の怒りを買ってしまい、合格を取り消されてしまいました。以後、官職に就くことをあきらめ、故郷に戻って平凡に暮らしていました。

1592年、豊臣軍が攻めてきたとき、郭再祐はだらしない自国の兵に憤慨して、自ら挙兵の準備を始めました。しかし、最初に従ってきたのは自分の下男だけでした。それでも落胆せず、多くの資産家を説得して兵力を整え、次々とゲリラ戦で勝利を収めました。その後は多くの同志が馳《は》せ参じてきましたが、郭再祐は真っ赤な軍服をまとっていたので「紅衣将軍」と呼ばれました。

彼は戦略家でした。自分の部下10人にも真っ赤な軍服を着せて相手の兵を混乱に陥れました。朝鮮半島の全土で郭再祐の名声が高まりました。戦争が終わって朝鮮王朝は、高い官職で手厚くもてなすと申し出ましたが、彼は有事の際にさえ権力闘争に明け暮れる政治に幻滅し、官職を辞退して故郷で静かな余生を送りました。こうした潔さも、郭再祐が後世の人たちから絶大な人気を得た理由の一つです。

Q. 朝鮮王朝時代に文化の向上に貢献した有名な人を教えてください。

まずは、生まれて8か月で文字を覚えて3歳で詩をつくったといわれる金時習《キムシスプ》(1435〜1493年)。神童と呼ばれ、4代王の世宗《セジョン》も金時習の才能に驚いたといわれています。間違いなく国の政治を動かせるほどの天才でしたが、端宗《タンジョン》が叔父に王位を奪われた出来事に憤慨し、以後は在野で各地を放浪する生活をしました。小説や詩の傑作を残し、文化の発展に大きく寄与した大人物でした。

続いて、書道の大家として知られた韓濩《ハノ》(1543〜1605年)。彼は、誰も真似ができないような努力の末に書の道を究めました。

貧しい家に生まれ、練習用の紙をふんだんに使えませんでした。わずかな紙を真っ黒になるまで使い果たしたあとは、木の葉を拾い集めてきて、それに字を書いて練習に明け暮れました。

息子の才能を信じた母は、韓濩を寺に預けました。しかし、自信をもった彼は1年ほどで帰ってきてしまったのです。失望した母は、息子に闇の中で字を書くように命じました。同じように、母も闇《やみ》の中で餅を切りました。明かりをつけてみると、母はきれいに餅を切っていましたが、韓濩の字は不揃いでした。そのことを韓濩は恥じ、再び厳しい修行の場に戻っていきました。その末に、自分の書体を確立して「天下の名筆」となったのです。

次に、天才的な女流詩人と評された許蘭雪軒《ホナンソロン》（1563～1589年）。当時、女性には学問が必要ないとされていましたが、二人の兄が勉強をしているとき肩ごしに本を読んで学問に励みました。才能に恵まれ、女流文人として頭角を現しましたが、家庭環境に恵まれず、わずか26歳で亡くなりました。しかし、彼女の詩は中国大陸の明でも評判となり、その名声は日本にも伝わりました。ちなみに、200ページで紹介した許筠《ホギュン》はこの許蘭雪軒の弟にあたります。

最後に紹介するのは、朝鮮王朝時代を通して最高の画家といわれた金弘道《キムホンド》（1760～?）。彼の筆にかかれば、どんな絵もまるで実物のように生き生きしていました。朝鮮王朝時代には巧みな絵が大変重宝されましたが、金弘道ほど万人が感嘆する傑作を残した画家は他にいませんでした。

あまりの名声に、22代王の正祖《チョンジョ》は自分の肖像画を金弘道に描かせました。できあがった絵を見て正祖は「さすが天才画家！」と大いに称賛したといわれています。

朝鮮八道図

朝鮮王朝時代の行政区分

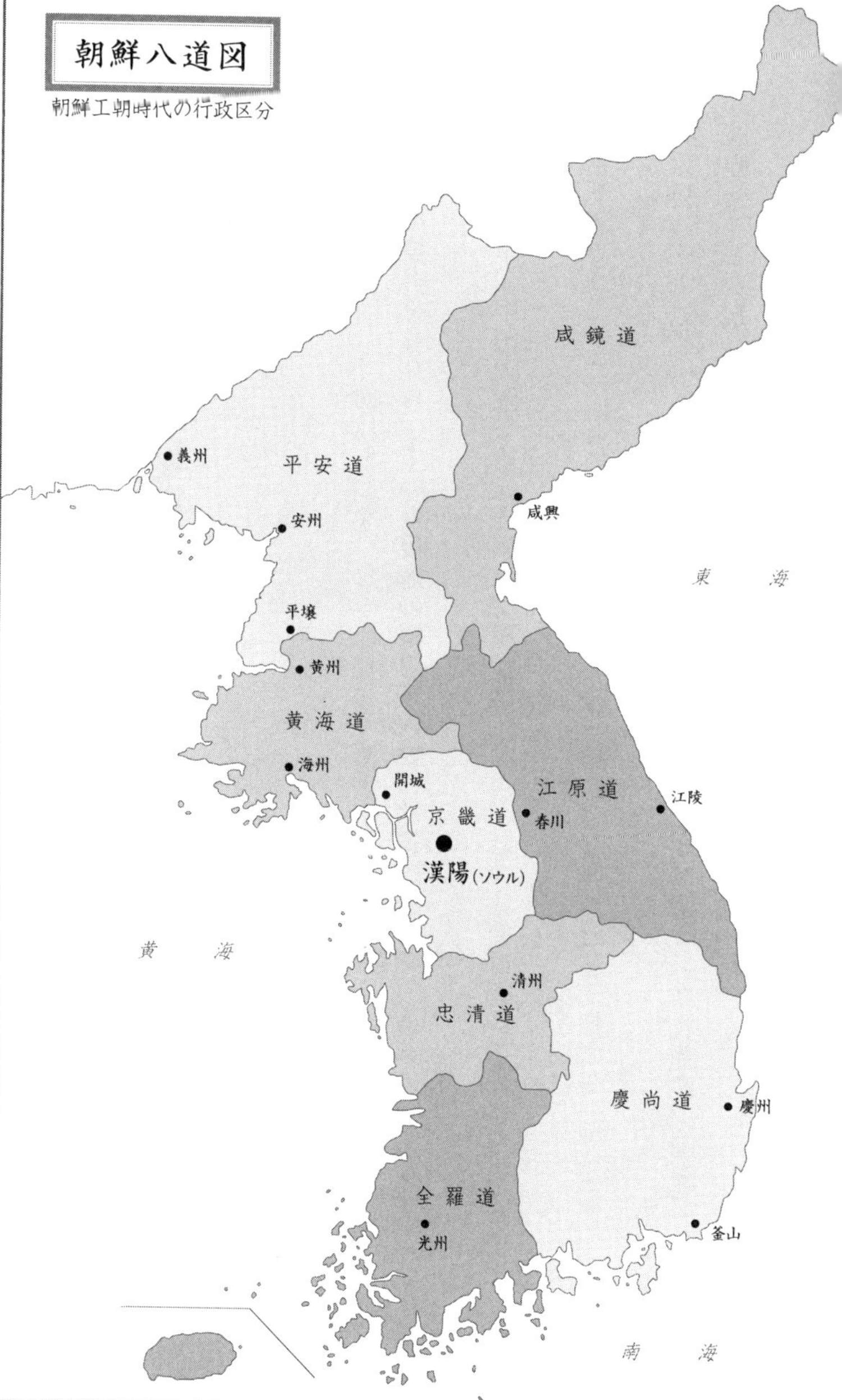

15分でわかる朝鮮王朝の全体像

超・概説／朝鮮王朝の歴史

起死回生の作戦

朝鮮王朝を建国して初代王となった李成桂《イソンゲ》は、もともと高麗《コリョ》王朝の武将だった。その当時、深刻な被害をもたらしていた倭寇《わこう》の撃退で大いに功績を挙げて、次第に権力を築いていった。

1368年、中国大陸では元を制して明が誕生した。この政変は朝鮮半島にも大きな影響を及ぼした。

高麗王朝では、北方に退却した元を支持する一派と、新興の明を支持する一派が激しく対立するようになった。

1388年、政権内部は元を支持する勢力が優勢となり、朝鮮半島北部の土地を狙う明の軍勢を討伐《とうばつ》することになった。その総大将となったのが李成桂だった。

ただし、彼はこの戦いがあまりに無謀だと考え、北の国境まで進んでいたものの、軍勢を引き返すことを決断した。

これは明らかな命令違反であり、都の開城《ケソン》に戻っても李成桂は処刑される運命にあった。その窮状を打開するため、李成桂は起死回生の作戦に出た。なんと、自らの軍勢を率いて開城の高麗王朝を攻めたのだ。

この攻撃が成功し、李成桂は政治的実権を完全に握るようになった。当初はお飾りの王を据えていたが、野心を抑えられなくなり、李成桂は1392年に高麗王を追放して、自らが新しい王になった。ここに、朝鮮王朝が創設されたのである。

国教が仏教から儒教に変わった

手始めに李成桂は、高麗王朝の残党を一掃する必要性を痛感し、都を開城から移すことにした。

風水的に優れた場所を探した結果、1394年、開城の南東60キロにあった漢陽《ハニャン》を新しい都に選定した。それが現在のソウルである。

李成桂は王朝の基盤を盤石にするため、早くから後継者の育成に努めたが、肝心の息子たちが王位をめぐって骨肉の争いを繰り広げた。多くの血が流れた末に、李成桂の五男であった芳遠《バンウォン》が実権を握った。

彼は先に兄を2代王に即位させて裏で政権を操った。そのうえで、1400年に3代王の太宗《テジョン》となった。その政治手腕は卓越しており、彼によって中央集権国家としての基盤がつくられた。

大きかったのは、国教が仏教から儒教に替わったことだ。高麗王朝では仏教が重んじられたが、僧侶の政治介入と腐敗が国力の衰えにつながった面があった。朝鮮王朝はその轍《てつ》を踏みたくないと考え、序列をつけた身分制度にも好都合な儒教を国教にした。

そのうえ、全国一律の官僚登用試験である科挙の試験問題が儒教の教義を問うものとなり、優秀な人々はこぞって儒教の勉学に励んだ。こうして儒教は朝鮮半島において完全に定着した。

その一方で、仏教は冷遇された。寺院は追放されて、山の中に逃げ込まざるを得なかった。今でも韓国では町中に仏教寺院があまりないが、それは仏教が排斥の憂き目にあった名残である。

ハングルの誕生

太宗の三男が1418年に王となった世宗《セジョン》である。彼は朝鮮王朝最高の名君として、現在の韓国でも大きな尊敬を集めている。

世宗は有能な人材を王宮に集めて学問と技術の振興をはかり、庶民の生活向上にも尽力した。名声はとどまることを知らなかったが、最大の功績とされているのが1443年に創製された訓民正音《フンミンジョンウム》である（公布は1446年）。これは今でいうハングルのこと。それまで、朝鮮半島の文字は漢字しかなかった。庶民は難解な漢字を学ぶ機会がなかったので、自分たちの言葉を文字で表現することができなかった。

また、漢字は人々の発音を細かく正確に表記するうえで問題があった。それだけに、世宗は民族固有の文字の創製にこだわり、優秀な学者たちを総動員してハングルをつくったのである。

ハングルはとても簡単な表音文字で、庶民もすぐに覚えることができた。このハングルの誕生によって大衆文化も大いに発展した。

1450年に世宗が亡くなると、王位の継承問題が様々に起こるようになった。特に、世宗の次男の首陽《スヤン》は、兄の息子から強引に王位を奪って、7代王の世祖《セジョ》となった。

しかも、先代王の側近たちが自分に従わないことに怒り、多くの高等官僚や学者を処刑した。その中でも、忠義に散った有能な六人は特に「死六臣」と呼ばれた。彼らは忠臣の鑑《かがみ》だった。

世祖の即位には何かと問題があったが、彼はのちに政治的な手腕を発揮。土地制度の改革、国の基本法典の編纂、官制や軍制の整備などに成果を挙げている。

成宗の功績

世祖が1468年に亡くなり、その息子が王位について8代王の睿宗《イェジョン》になったが、在位1年ほどの19歳のときに夭逝《ようせい》し、世祖の孫が王位に上がった。それが9代王の成宗《ソンジョン》である。わずか12歳だったために、最初は王族や側近たちが政治を代行した。

この時期に重要な制度の変更があった。それは、仏教の葬儀方式として定着していた火葬の風習をなくしたことである。以後、朝鮮半島では土葬が当たり前となり、それは現代にも受け継がれている（墓地の敷地不足を理由として、最近は都市部で火葬が奨励されているが……）。

一方、成人に達したあとの成宗は見事に政治を取り仕切った。彼の功績は多いが、特筆すべきは、儒教文化をさらに民衆の間で定着させたこと、朝鮮半島の北方を平定して国土を確定させたこと、党争を抑えるために高等官僚たちの勢力を均衡《きんこう》に保つ配慮を欠かさなかったことなどが挙げられる。

朝鮮王朝が創設されて以来、少しずつ王朝は制度を整えてきたが、成宗の治世時代にほぼ基盤が固まった。朝鮮王朝の歴史の中でも、この時期が最も安定していたとも評される。その功績によって、成宗は「完成」という意味の「成」の文字が入った諡を贈られたのである。

ただ、治世の後期に、成宗は遊興にふけっているというよからぬ指摘も受けていた。彼のそうした遊びすぎが浮ついた社会の退廃的な風潮も生んだといわれている。

儒教の大家が続々と登場

15世紀後半の朝鮮半島は、様々な社会制度が整備されて世情も安定していたが、1494年に10代王の燕山君《ヨンサングン》が即位してからは一変した。燕山君は、一部の官僚の弾圧に乗り出し、政権内部は大混乱に陥った。

また、燕山君は幼いときに生母が死罪になっていたが、その真相を知ってから逆上し、生母の死に関係した人々を次々に処刑した。すでに死んでいる人の場合は、その墓をあばいて首をはねた。

さらに、この暴君は日夜酒色にふけり、庶民がハングルで王を批判する文字を書いたという理由でハングルの使用まで禁じた。

あまりに常軌を逸した行動を繰り返した燕山君。反対派の決起が成功し、彼は1506年に追放された。

代わって11代王となったのが中宗《チュンジョン》で、暴君によって乱れた政治の立て直しに取り組んだ。ただし、朝鮮王朝の悪弊ともなっていた党争（王の側近たちによる権力闘争）が激化する一方で、数々の官僚粛清《しゅくせい》事件が起きている。こうした事態を苦々しく思っていたのが、秩序を重んじる儒教の学者たちだった。

特に、16世紀の中頃には儒教の教義に新しい命を吹き込む大家が輩出した。中でも、現在の1000ウォン札の肖像画になっている李退渓《イテゲ》と、5000ウォン札の肖像画になっている李栗谷《イユルゴク》が著名である。彼らの教えは、朝鮮王朝の学問の中枢を担うようになっていく。

戦後の善隣友好関係

1592年、豊臣軍が釜山《プサン》を攻めてきた。壬辰倭乱《イムジンウェラン》（日本で文禄の役といわれる）が始まったのである。

朝鮮半島はしばらく平和が続いていたので、国防がおろそかになっていた。一方の日本は戦国時代を経て兵が戦争に慣れていた。

朝鮮王朝側は一方的に攻められ、ときの14代王の宣祖《ソンジョ》は都を捨てて北方に避難せざるを得なかった。ただし、窮地に陥ってから明の援軍が到着し、各地でも民兵が蜂起していた。また、水軍の名将、李舜臣《イスンシン》が船を鋼鉄で覆う亀甲船を率いて数多くの武功をたてた。戦況は膠着《こうちゃく》状態となり、いったんは講和が成立したが、再び戦火が勃発《ぼっぱつ》。1598年になってようやく豊臣軍は撤退した。

1603年に江戸幕府を開いた徳川家康は、国内政治を安定させるためには、隣国ともめないほうがいいと考えた。

善隣外交を進めようとした彼の働きかけに朝鮮王朝も応じ、1607年に第1回目の朝鮮通信使が来日。ここに、両国は正式に国交を回復した。江戸時代を通じて朝鮮通信使は合計12回来日している。

1608年、宣祖の後に15代王となった光海君《クァンヘグン》は、当初は戦後復興の面で手腕を発揮したが、党争の激化とともに政治を混乱させ、クーデターによって1623年に王の座から追放された。

代わって仁祖が即位したが、反乱が起きて彼の治世は当初から安定しなかった。その中で、屈辱的な出来事が起こった。

屈辱的な謝罪

1627年、北方で後金という国をつくっていた女真族が朝鮮半島に攻め入ってきた。朝鮮王朝側は戦力的に劣勢だったが、なんとか必死に講和にもちこみ、一時の平和を取り戻した。

しかし、その講和を守らなかったために後金が激怒。後金は清と国号を変え、1636年に再び攻めてきた。あまりに強力な軍勢を前に、朝鮮王朝側はなすすべがなく降伏。仁祖は清の2代皇帝の前で、ひざまずき頭を地面にこすりつけて謝罪した。以後、朝鮮王朝は清に臣下の礼をとらざるを得なくなった。

最悪の屈辱を受けて自信喪失となった朝鮮王朝。党争も激化する一方だったが、1674年に即位した第19代の粛宗《スクチョン》は王権の強化に全力を尽くした。彼は、農地の整備と商業の奨励などで手腕を発揮した。

ただ、悪女の代名詞ともなっている張禧嬪《チャンヒビン》（策を弄して低い身分から王妃までのぼりつめた怪女）の跋扈《ばっこ》を許すなど、粛宗には脇が甘いところがあった。

１７２４年に即位した英祖《ヨンジョ》は、ますます激化する党争を抑えるため、各派閥から公平に人材を登用する政策を実施した。

これは一定の成果を挙げたものの、１７６２年には世継ぎだった長男の思悼世子《サドセジャ》の素行問題が党争に利用され、英祖が長男を米びつに閉じ込めて餓死させるという悲劇的な出来事も起こっている。

その思悼世子の息子が22代王の正祖《チョンジョ》である。彼は父の悲劇を乗り越えて１７７６年に即位し、優秀な人材を活用した善政を行なった。

１９１０年に終止符

正祖の治世時代（１７７６〜１８００年）には生活の向上に役立つ実学が栄え、同時に、文芸が復興して芸術分野が活性化された。

彼は悲劇的に亡くなった父の名誉を回復し、風水的に優れた水原《スウォン》（漢陽の南に位置する都市）に父の墓を移した。そして、墓参を欠かさなかった。

儒教の最高徳目は「孝」。その「孝」に徹した正祖は多くの民から慕われた。まさに、朝鮮王朝後期の名君だった。

１８００年に正祖が亡くなり、10歳の息子が23代王の純祖《スンジョ》となった。以後は、外戚が権力を握る勢道政治が続く。官僚の汚職が続発し、勢道政治は腐敗していった。同時に、キリスト教徒への弾圧を強化したことから、欧米諸国の反発を受けた。

結局、19世紀以降に世界が激しく変わっていく中で、朝鮮王朝は内部の権力闘争に明け暮れて近代化が遅れた。

その中で、国内では反乱が相次ぎ、外国からも厳しい干渉を受けた。朝鮮半島は全土にわたって混乱し、政権は弱体化するばかりだった。

そして、１９１０年の日韓併合によって、朝鮮王朝はその歴史に終止符を打った。５１８年の長きにわたって君臨した王は27人だった。

中国・朝鮮半島・日本略年表

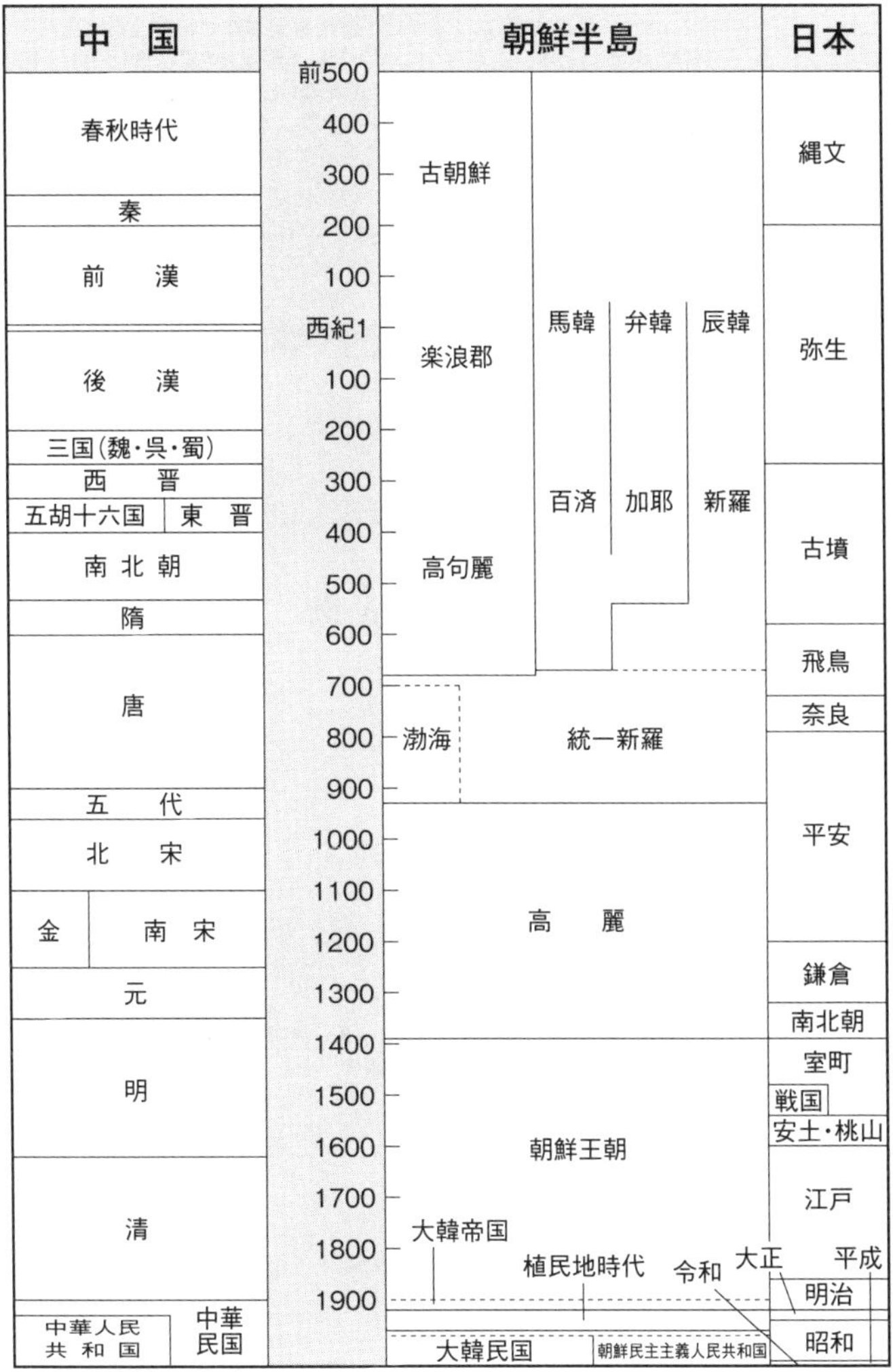

著　者

康　煕奉（カン　ヒボン）
1954年東京生まれ。在日韓国人二世。韓国の歴史・文化や日韓関係を描いた著作が多い。主な著書は、「朝鮮王朝の歴史はなぜこんなに面白いのか」「日本のコリアをゆく」「徳川幕府はなぜ朝鮮王朝と蜜月を築けたのか」「ヒボン式かんたんハングル」「悪女たちの朝鮮王朝」「韓流スターと兵役」「いまの韓国時代劇を楽しむための朝鮮王朝の人物と歴史」「韓国ドラマ&K-POPがもっと楽しくなる！ かんたん韓国語読本」など。特に、朝鮮王朝の読み物シリーズはベストセラーとなった。

口絵写真提供：©スポーツコリア/ピッチ、YONHAPNEWS、康煕奉
本文写真撮影：井上孝、康煕奉

※本書は2011年に刊行された「知れば知るほど面白い　朝鮮王朝の歴史と人物」（実業之日本社刊）を一部改稿し、再刊行したものです。改稿の際に、専門ウェブメディア「韓ドラ時代劇.com」に著者が執筆した原稿も生かされています。

JIPPI Compact

じっぴコンパクト新書　388

新版《しんぱん》 知《し》れば知《し》るほど面白《おもしろ》い
朝鮮王朝《ちょうせんおうちょう》の歴史《れきし》と人物《じんぶつ》

2021年9月16日　初版第1刷発行

著　者…………康《カン》　煕奉《ヒボン》
発行者…………岩野裕一
発行所…………株式会社実業之日本社
〒107-0062
東京都港区南青山5-4-30
CoSTUME NATIONAL Aoyama Complex 2F
電話03-6809-0495（編集／販売）
https://www.j-n.co.jp/
印刷・製本…………大日本印刷株式会社

ISBN　978-4-408-42111-7（書籍管理）